KATRIN MICHEL

Bald bin ich da!

KATRIN MICHEL

Bald bin ich da!

40 Briefe für eine liebevolle Geschwisterbeziehung

Kösel

Sollte diese Publikation Links auf Webseiten Dritter enthalten, so übernehmen wir für deren Inhalte keine Haftung, da wir uns diese nicht zu eigen machen, sondern lediglich auf deren Stand zum Zeitpunkt der Erstveröffentlichung verweisen.

MIX
Papier aus verantwortungsvollen Quellen
FSC® C010328

Klimaneutral
Druckprodukt
ClimatePartner.com/14044-1912-1001

Penguin Random House Verlagsgruppe FSC® N001967

Umschlaggestaltung: Weiss Werkstatt München
Umschlagmotiv: © Maria Martin, mamind.de
Redaktion: Dr. Daniela Gasteiger
Druck und Bindung: Alföldi Nyomda Zrt., Debrecen
Printed in Hungary
ISBN 978-3-466-31165-1
www.koesel.de

Inhalt

Hallo, kleines Baby!

Wie wunderbar! Wenn du dieses Buch zur Hand nimmst, wächst ein Baby in dir heran, und du hast bereits ein Kind oder Kinder. Welch spannende Herausforderung, die eine riesige Chance in sich birgt! Ihr bekommt ein neues Familienmitglied. Vielleicht ist es bereits präsent und kommt in euren Gesprächen und Gedanken vor. Dieses Buch darf euch als Familie die ganze Schwangerschaft über begleiten. Woche für Woche nimmt es euch mit auf eine Reise zu eurem Baby. Dabei wächst es von einem winzigen Sandkorn bis zu der Größe einer Wassermelone heran. Durch die Briefe, die es aus deinem Bauch an sein älteres Geschwisterkind schreibt, kann dieses alle Entwicklungsschritte hautnah miterleben. Genau darin liegt der Zauber, denn es entsteht eine Beziehung zwischen den Geschwistern, die wie dein Bäuchlein und das Baby darin immer weiterwächst. In vierzig Wochen legt ihr gemeinsam ein Fundament für eine sichere Geschwisterbeziehung, die ein Leben lang erhalten bleibt.

Wie haben wir als Familie am meisten von diesem Buch?

Dieses Buch ist für alle Eltern und alle Kinder geschrieben – ob ihr Mama und Papa, zwei Mamas, zwei Papas oder alleinerziehend seid, in einer Patchwork-Familie oder in einer ganz anderen Zusammensetzung lebt. Es spielt auch keine Rolle, ob du ein Mädchen oder einen Jungen erwartest, welches Geschlecht dein älteres Kind hat und ob du schon mehrere Kinder hast. Allerdings ist in den Texten die Rede von »Mama und Papa«, und jeder Brief beginnt mit »Lieber Bruder, liebe Schwester« oder auch umgekehrt. Du bist herzlich eingeladen, die Anrede an der einen oder anderen Stelle anzupassen und so deine individuelle Situation abzubilden!

Das Buch ist in vierzig Schwangerschaftswochen gegliedert. Jeder Teil enthält einen Impuls für dich als Mama mit Hintergrundwissen zur Entwicklung deines Babys. Außerdem findest du hier kleine Inspirationen zum Reflektieren. Dann folgt der Brief, den das Baby aus dem Bauch heraus an sein großes Geschwisterkind schreibt. Er ist einfach gehalten, damit ihn Kinder jeder Altersstufe gut verstehen können. An den Brief schließen sich zwei Impulse an, die das Thema der Woche kreativ aufgreifen.

Der erste Impuls ist ebenso wie der Brief für Kinder jeden Alters gedacht. Er enthält oftmals Anregungen und Ideen, etwas selbst zu tun oder zu erforschen.

Der zweite Impuls spricht vor allem ältere Kinder an. Er geht in die Tiefe, erklärt biologische Sachverhalte und regt zum Nachdenken und Verstehen an. Auch hier finden sich immer wieder Elemente für gemeinsame Aktionen. In einigen Wochen sind beide Impulse für alle Kinder, ganz gleich wie alt, geeignet.

Aus eigener Erfahrung weiß ich, dass es manchmal eine echte Herausforderung sein kann, wenn du etwa das dritte Kind erwartest und die beiden Geschwisterkinder unterschiedlichen Alters sind. Passe also das, was du vorliest, ganz den Bedürfnissen deines Kindes oder deiner Kinder an. Die Illustrationen können euch helfen, alles rund ums Baby und den Körper noch einmal anders aufzuarbeiten, und bieten zudem die Möglichkeit, neugierig auf gemeinsame Entdeckungsreise zu gehen und ins Gespräch zu kommen.

In diesem Buch beschreibe ich meine ganz persönlichen Erfahrungen, die ich in meinem Leben als Mama sammeln durfte. Das heißt nicht, dass du alles genauso erleben wirst. Indem ich meine Geschichte teile, möchte ich dir die Möglichkeit geben, dir selbst näher zu kommen, dich inspirieren zu lassen und daran zu wachsen. Denn ihr geht als Familie euren ganz eigenen Weg.

Vorfreude ist die schönste Freude

Die Idee, in der Schwangerschaft eine wöchentliche Begleitung für Geschwisterkinder in die Welt zu bringen, ist nach meiner zweiten Schwangerschaft entstanden. Meinen beiden Jungs wollte ich genug Zeit geben, gemeinsam mit dem Bauch und dem Baby in ihre neue Rolle hineinzuwachsen. Ich denke, dass man durch eine gute Vorbereitung auf das sich verändernde Familiengefüge einen sanfteren Start ins Leben mit einem Kind mehr haben kann. Briefe, die das Baby aus dem Bauch heraus jede Woche an sein Geschwisterkind schreibt, erschienen mir als wunderbarer Gedanke, um alle einzustimmen. Als ich dann das dritte Mal schwanger war, schrieb ich für meine Jungs Baby-Briefe, aus denen dieses Buch entstanden ist.

Täglich liefen die beiden zum Briefkasten. Wenn sie dann einen Briefumschlag herausfischten, riefen sie begeistert: »Mama, Mama, die Baby-Post ist da!« Der Brief wurde flink geöffnet, wir setzten uns gemeinsam aufs Sofa und machten es uns richtig gemütlich. Während der vierzig Wochen meiner Schwangerschaft sind diese gemeinsamen Lesemomente mit dem Baby zu einem festen Bestandteil unseres Familienlebens geworden. Irgendwann fragte mich mein Mittlerer: »Mama, hat das Baby da drin im Bauch etwa einen Computer, oder wie schreibt es die Briefe? Und wie druckt es die eigentlich aus?«, da musste ich schmunzeln. Noch lange erfreute mich dieser Satz und die darin zum Ausdruck kommende, lebhafte Fantasie.

Jede Woche aufs Neue warteten meine beiden Älteren auf den Brief des Babys. Immer wieder fragten sie ungeduldig, wann denn der nächste komme. Mit jedem Schreiben ist ihre Vorfreude auf das Baby gewachsen. Diesen Prozess mitzuerleben, war unglaublich schön. Wenn du an strahlende Kinderaugen denkst, die nichts anderes ausdrücken als Lebendigkeit und Vorfreude, dann weißt du bestimmt, was ich meine. Diese Lebendigkeit und Vorfreude verwandelten sich in pure Liebe, als ihr Brüderchen dann zu Hause auf die Welt gekommen ist, sie das erste Mal an seinem Bettchen standen und ihn staunend und andächtig ansahen. Diesen Moment werde ich nie in meinem Leben vergessen, er lässt mir noch heute vor Rührung und Demut die Tränen in die Augen steigen. Heute haben wir die Briefe gesammelt in einem Ordner und schauen sie uns manchmal wieder gemeinsam an. Wir erinnern uns zurück, wie es damals war, als der Kleinste noch im Bauch war. Ich für mich kann sagen, dass die Briefe uns als Familie sehr geholfen haben und sie werden immer ein Teil unseres Lebens sein.

Das Wunder der Biologie beGREIFEN

In vielen der Briefe, die das Baby aus deinem Bauch heraus schreibt, geht es um Themen aus der Biologie. Ihr als Familie erfahrt beim Vorlesen eine Menge darüber. Denn nichts ist spannender und faszinierender als das Leben selbst und wie es entsteht. Dabei kann das Geschwisterkind gleichzeitig viel an sich selbst erkunden, lernt Stück für Stück auch den eigenen Körper kennen und versteht komplexe Hintergründe. Wissensvermittlung geschieht nebenbei und festigt sich durch Erleben am eigenen Körper. Alle Sinne werden mit einbezogen und sorgen für ein ganz besonderes Erlebnis.

Wie sein Geschwisterkind ist auch dein Baby ein kompetentes Wesen, das perfekt ist und schon so vieles kann. Genau das dürft ihr gemeinsam begreifen. Das Baby nimmt eure Stimmen und Berührungen wahr, kann fühlen und schmecken. Auch sein Körper gleicht irgendwann dem euren, nur eben in Miniaturausgabe. Genau das lädt ein, in gemeinsamen Kontakt zu treten und sich kennenzulernen. Als ich zum Beispiel mit meinen beiden Jungs einen Geburtsvorbereitungskurs für Kinder besuchte und wir auf der Säuglingsstation Neugeborene gesehen haben, da waren beide mehr als erstaunt, dass Babys nicht nur schreien und in die Windel machen, sondern aufmerksam und neugierig in die Welt blicken. Und nicht nur das, fasziniert haben sie die winzig kleinen Babys angesehen und mit Verwunderung festgestellt, dass auch sie einmal so klein gewesen sind. Als wir dann gemeinsam den Karton mit ihren Babyklamotten vom Dachboden geholt haben und sie einen winzigen Body in den Händen hielten, konnten sie fast nicht glauben, dass auch sie einmal darin gesteckt haben (und ich im Übrigen auch nicht!).

Für die Geschwisterkinder ist es eine unglaublich wertvolle Erkenntnis, dass auch sie sich auf gleiche Weise entwickelt und die ersten Monate in derselben Gebärmutter verbracht haben wie ihr heranwachsendes Geschwisterkind. Das Buch begleitet den Beginn dieser Erkundungsreise zur eigenen Identität. Das kann sehr viel bewirken, denn dein Kind kommt sich auf diesem Weg ganz nahe.

Gemeinsames Familienevent

Ihr nehmt euch eine regelmäßige Auszeit, denn das Baby schreibt jede Woche einen Brief, der vorgelesen werden kann. Dabei sind der Fantasie keine Grenzen gesetzt. Vielleicht macht ihr es euch auf dem Sofa bequem, baut euch eine Kuschelhöhle oder lest am Abend unter dem Tisch mit einer Taschenlampe. Probiert Neues aus, macht es euch schön, sorgt gut für euch und gönnt euch etwas. Warum nicht einmal beim Vorlesen eine heiße Tasse Schokolade mit Sahne im Winter gemeinsam genießen oder einen kühlen Eistee im Sommer? So könnt ihr gemeinsam als Familie wertvolle Zeit miteinander verbringen. Durch die Regelmäßigkeit kann das zu eurem Baby-Familien-Ritual werden, das ihr auch nach der Geburt beibehalten könnt. Ihr erlebt etwas zusammen, teilt es mit Freude, und diese Erinnerung wird im Herzen aufbewahrt werden. Für immer.

Exklusive Vorlesezeit – im Hier und Jetzt sein

Ich habe für mich festgestellt, dass eine Auszeit wie das Vorlesen nie an der Tür klingeln wird, um zu sagen: »Hey, hier bin ich, nimm mich. JETZT!« Gerade als Eltern haben wir unendlich viel zu tun. Ehe wir uns versehen, wird es schon wieder dunkel und der Tag ist vorbei. Dann stellen wir mit Erschrecken fest, dass wir es zum Beispiel nicht geschafft haben, den Brief vorzulesen.

Auch du bist in der Eigenverantwortung, es dir gut gehen zu lassen, und du darfst dir genau das erlauben. Nimm dir also die Auszeit mit deinen Kindern. Nimm dir den Moment und genieße ihn in vollen Zügen. Du wirst irgendwann auf diese echte Qualitätszeit zurückblicken und dich an der Erinnerung erfreuen. Nicht die x-te Wäsche, die du aufgehängt hast, nicht die x-te E-Mail, die du sofort beantwortet hast – nein, es sind die wertvollen Momente mit unseren Kindern, die sich in unsere Herzen einbrennen und uns leuchten lassen.

Wenn du vorliest, stellst du vielleicht manchmal fest, dass du gar nicht richtig bei der Sache bist. Überlege doch einmal, bevor du anfängst zu lesen, was dich davon abhält, wirklich präsent in dem Moment bei deinem Kind zu sein. Was brauchst du, um ganz im Hier und Jetzt zu sein und ihm die volle Aufmerksamkeit zu schenken? Es kann unglaublich guttun, sich einmal bewusst zu machen, was im Fokus deiner Gedanken steht und wofür du letzten Endes auch deine Energie verwendest. Ein liebevoller Blick auf die Frage »Ist das jetzt wirklich dran?« und eine ebenso ehrliche Antwort helfen dir dabei, Dinge gelassener zu sehen oder gegebenenfalls auch zu verändern.

Wenn das Handy und die ständige Erreichbarkeit oder ein anderes elektronisches Gerät dich ablenken, dann schalte es doch für einen Moment lang aus oder lege es beiseite. Sind es unerledigte To-dos, die dich unruhig werden lassen? Dann lenke doch den Blick einmal bewusst darauf, was du heute schon geleistet und erledigt hast. Das ist sicher eine ganze Menge. Mit dieser Feststellung wirst du vielleicht sanfter zu dir selbst und auch ruhiger, und du kannst dich ganz in den Moment des Vorlesens vertiefen. Ist es vielleicht die unerledigte Hausarbeit, die dir zuruft: Kümmere dich? Dann räume doch zum Beispiel den Teil deiner Wohnung auf, in dem du dich beim Vorlesen aufhalten willst. Das kann den entscheidenden Unterschied machen, um die exklusive Vorlesezeit mit deinem Kind wirklich zu genießen. Der Rest kann auch später noch gemacht werden. Du hast es verdient, genau jetzt in diesem Augenblick mit deinem Kind zusammen uneingeschränkt Zeit zu verbringen. Alles andere darfst du einmal ohne schlechtes Gewissen für einen Moment lang ruhen lassen.

Willkommen Wut, willkommen Liebe

Als ich das dritte Mal schwanger wurde, fragte ich mich zweifelnd, ob ich wirklich genug Liebe für ein drittes Kind haben würde. Meinen beiden Jungs ging es vielleicht genauso, denn sie erzählten mir oft ganz sorgenvoll: »Aber Mama, wenn das Baby da ist, dann hast du gar keine Zeit mehr für mich und dann hast du mich auch weniger lieb, das weiß ich!« Genau das ist eine Kernaussage, um die es in meinen Augen ganz oft geht. Geliebt zu werden, sich zugehörig zu fühlen, ist ein uraltes biologisches und soziales Konzept. Die Sorge davor, aus einer Gemeinschaft ausgestoßen zu werden, ist tief in uns verankert. Dem zu begegnen und Kindern immer wieder zu verdeutlichen, dass genug Liebe für alle da ist, ist eine essenzielle Botschaft dieses Buchs. Ich bin sehr dankbar dafür, dass sich meine Jungs so gut mitteilen und ihre Gefühle benennen konnten. Dadurch hatten wir die Möglichkeit, über ihre Bedenken und Ängste offen ins Gespräch gehen zu können.

Wenn es um Emotionen geht, dann kann es wertvoll sein zu erkennen, dass wir Gefühle oftmals in »gut« und »schlecht« kategorisieren. Ängstlich, sorgenvoll, wütend oder aggressiv zu sein, empfinden wir oftmals als negativ und bewerten es auch so. Dabei sind es Gefühle, die zum Leben dazugehören und für ein Bedürfnis stehen. Sie haben genauso ihre Berechtigung wie freudig, geduldig und voller Liebe zu sein und dürfen deswegen willkommen geheißen werden! Kinder im Umgang mit all ihren Gefühlen zu unterstützen und sie dabei zu begleiten, hilft ihnen, sie einzuordnen und zu leben, anstatt sie wegzudrücken und zu ignorieren – selbst wenn es uns herausfordert und wir es sogar manchmal als unbequem und anstrengend empfinden. Nicht alle Kinder geben uns Einblicke in das, was in ihnen vorgeht. Manchmal fehlen ihnen die Worte, und manchmal möchten sie auch nicht darüber sprechen. Das ist völlig okay. Dieses Buch bietet die wertvolle Möglichkeit, über Gefühle ins Gespräch zu kommen.

konnte aber schon mit vier Jahren Fahrrad fahren und zudem malt sie viel schöner!« vergleichen und bewerten wir gleichzeitig. Das macht viel mit unseren Kindern. Auch Rollenzuschreibungen wie »Ach, du bist doch der Große, sei doch vernünftig und lass deinen Bruder zuerst schaukeln!« darfst du mit Achtsamkeit begegnen. Hier liegt der erste Schritt, den du gehen kannst. Du darfst dich selbst beobachten, das eigene Verhalten wahrnehmen und reflektieren. Wann bewertest du? Kannst du diese Bewertungen vielleicht ganz aus deinem Familienalltag streichen und ersetzen? Manchmal braucht es ein wenig Übung, aber mit jedem Mal, bei dem dir die Umsetzung gelingt, wirst du sicherer in diesem Verhalten werden. Statt vergleichen kannst du zum Beispiel sehen. Damit meine ich wirkliches SEHEN. »Ich sehe, dass du schon sicher Fahrradfahren kannst. Schau nur, jetzt kannst du mit deiner Schwester gemeinsam fahren!« könntest du zum Beispiel alternativ sagen. Eine Beobachtung, die zusammenschweißt, anstatt zu trennen.

Familie kann ein sicherer Raum sein, in dem alles sein darf. Hier wird man eben nicht nach Leistung beurteilt und muss nicht ständige Selbstoptimierung betreiben. Familie darf ein sicherer Raum sein, in dem Fehler erlaubt sind und einem auch durch schwierige Situationen hindurchgeholfen wird.

Ist dir schon einmal aufgefallen, dass durch die Neuanordnung der Buchstaben des Wortes FEHLER ein ganz anderes Wort, und zwar HELFER entsteht? Im übertragenen Sinn könnte man also Fehler auch als Helfer verstehen. Das kann für Kinder, die sich bereits mit Buchstaben etwas auskennen, eine wertvolle Erkenntnis sein. In einer Familie darf genau das erlebt werden, dass Fehler Helfer sind, an denen man wachsen darf.

Das Buch bietet euch immer wieder Anreize, zu sehen und gesehen zu werden. Sich gegenseitig wertzuschätzen, sich zu stärken und dadurch eine Basis für eine liebevolle Geschwisterbeziehung zu schaffen, ist möglich. Die Briefe stärken das Selbstbewusstsein des älteren Kindes und zeigen an unterschiedlicher Stelle immer wieder auf, dass jedes Kind genau so richtig ist, wie es ist. Indem du als Elternteil achtsam hinschaust, weniger bewertest und vergleichst, deine Erwartungshaltung beleuchtest und hinterfragst, gibst du deinem Kind in seinem

Entfaltungsraum Wurzeln, mit denen es stark und fest verankert ist, durch die es einen sicheren Halt hat und bedingungslose Liebe erfährt. Gleichzeitig schenkst du ihm Flügel, damit es als der Mensch seine Welt selbstbewusst erkunden und zu seinen Abenteuern aufbrechen kann, der es ist.

Tauschgeschäft versus bedingungslose Liebe

Schau dir einmal an, ob du in Handlungen mit deinen Kindern ein Ziel verfolgst, und wenn ja, welches das zum Beispiel beim Vorlesen ist. Ganz oft sind wir damit aufgewachsen, dass wir, wenn wir etwas tun, auch etwas dafür zurückhaben möchten. Unser Handeln basiert auf der Vorstellung des Tauschs. Wenn ich dir etwas gebe, dann bekomme ich etwas zurück. Geben ist also häufig an eine Bedingung und damit an eine Erwartung geknüpft. In der Regel weiß unser Gegenüber das aber noch nicht einmal, was bei dir wiederum zu Enttäuschung führen kann. Übertragen auf den Umgang mit deinem Kind: Mache dir ganz deutlich bewusst, dass du eben nicht an einem Gemüsemarktstand stehst, zwei Äpfel bestellst, dein Geld bezahlst und im Gegenzug deine Äpfel erhältst. Wir leben mit unseren Kindern in keinem Tauschgeschäft, was im Übrigen auch für alle anderen zwischenmenschlichen Beziehungen gilt. Frage dich doch einmal ganz ehrlich, wie oft du eigentlich mit deinem Kind »Handel« betreibst. »Wenn ich dir jetzt vorlese, dann spielst du danach aber auch eine Weile alleine.« Wenn-dann-Formulierungen sind prädestiniert für Tauschgeschäfte. Welche Alternative gibt es dazu? Das Erste, was du tun kannst, ist, dass du dir dessen bewusst wirst und in der jeweiligen Situation merkst, dass du wieder im Muster des Tauschhandels agierst. Es ist gar nicht so einfach, dieses Muster zu durchbrechen, aber der erste Schritt ist das Wahrnehmen. Das ermöglicht dir zu verstehen, dass du eine Wahl hast. Möchtest du so weitermachen, oder eben nicht? Stellst du keine Forderung oder Bedingung an das Vorlesen, dann wird es zum bedingungslosen Geben: Ich lese dir gerne vor, weil ich Zeit mit dir verbringen möchte, weil du mir wichtig bist, ich dich sehe, dich wertschätze und dich liebe. Wenn dein Kind das erfährt, habt ihr ein sicheres Fundament, auf dem ihr gemeinsam aufbauen könnt. Und genau das wirkt sich dann ebenfalls auf die Geschwisterbeziehung aus, indem das jeweils andere Kind nicht als Gefahr angesehen wird. Es muss nicht gekämpft werden, denn für alle ist genug da!

Das kannst du sofort tun, um die Bindung zu deinem Kind zu stärken

- Feste Zeiten füreinander vereinbaren, auch wenn das Baby da ist
- Berührungen schenken und zwar ganz, ganz, ganz viele und ganz, ganz, ganz oft!
- Gemeinsam lachen
- Zeit nehmen und Liebe schenken
- Handy und andere elektronische Geräte ausschalten
- Auf Augenhöhe miteinander reden
- Wertschätzende Sätze sagen und zwar immer und immer wieder
- Handeln ohne das Prinzip des Tauschgeschäftes
- Gesagtes visualisieren und zum Beispiel durch das Kerzenexperiment erlebbar machen (siehe Seite 52)
- Rollenzuweisungen und Vergleiche erkennen und ersetzen
- Ein älteres Geschwisterkind wieder Kleinkind sein lassen
- Emotionen sehen, widerspiegeln und benennen
- Vorbild sein
- Einander sehen statt einander zu bewerten

Das kannst du deinem Kind nicht oft genug sagen

- Du bist wertvoll!
- Ich sehe dich, und du bist genau richtig, so wie du bist!
- Ich hab dich lieb, egal, was passiert!
- Du darfst auch FEHLER machen! Denn sie sind deine HELFER!
- Ich glaube an dich!
- Wie schön, dass du da bist!
- Du kannst mir immer alles erzählen.
- Es ist schön, mit dir Zeit zu verbringen, und ich genieße das sehr!
- Ich glaube dir!
- Ich bin sehr stolz auf dich!
- Ich liebe dich, und du brauchst dafür nichts weiter tun.
- Ich vertraue dir!
- Du bist sicher, egal, was du tust!
- Komm zu mir, und wir kuscheln.

40 Briefe

1. Juchhu, du bekommst ein Geschwisterchen!

Dein Ei und das Spermium treffen aufeinander und verschmelzen zu einem einzelligen Organismus. Dieses unglaubliche Ereignis wurde zum ersten Mal 1944 wissenschaftlich beobachtet. Auch in deinem Körper hat nun eine Befruchtung stattgefunden. Erinnerst du dich an diesen besonderen Tag?

Eine faszinierende Entwicklung wird sich in den folgenden Monaten in deinem Körper vollziehen, denn aus dem einzelligen Organismus wird dein Sohn oder deine Tochter werden! Du schenkst Leben, und ein unfassbares Wunder geschieht, dem du mit Demut begegnen darfst.

Lieber großer Bruder, liebe große Schwester,

heute schreibe ich dir zum allerersten Mal. Du fragst dich bestimmt gerade, wer hier spricht? Na ich, dein kleines Geschwisterchen! Vielleicht haben Mama und Papa dir schon gesagt, dass Mama schwanger ist und ein Baby bekommen wird. Oh, wie aufgeregt ich bin und wie glücklich!
Ich bin auch sehr, sehr stolz, dass ich schon ein großes Geschwisterchen habe.
Was du schon alles kannst, das finde ich einfach großartig. Du, ich habe dich jetzt schon ganz arg lieb und ich freue mich sehr darauf, wenn wir uns zum ersten Mal sehen. Aber das wird noch ganz schön lange dauern. Ungefähr vierzig Wochen bleibe ich hier in Mamas Bauch und entwickele mich und wachse.
Damit die Zeit wie im Flug vergeht, habe ich mir überlegt, dass ich dir jede Woche einen Brief schreibe. Ich möchte dir nämlich immer erzählen, was ich hier drin alles erlebe. Was du alles tust, will ich natürlich auch wissen. Deine Welt da draußen kann ich mir nämlich noch so gar nicht vorstellen. Zusammen können wir auf Entdeckungsreise gehen. Hast du Lust dazu?
Bis nächste Woche also. Viele, viele Grüße und eine dicke Umarmung aus Mamas Bauch!

Dein winzig kleines Geschwisterchen

Jetzt weißt du, dass du ein Geschwisterchen bekommst. Noch ist es winzig klein, aber in den nächsten Wochen wächst und wächst und wächst es. Mamas Bauch formt sich mit der Zeit zu einer richtigen Kugel. Schau doch einmal nach! Kannst du schon sehen, dass der Bauch gewachsen ist? Nein? Aber warte ab, es wird gar nicht mehr lange dauern, bis eine ganz kleine Rundung zu sehen ist.

Am Ende sieht Mama aus, als hätte sie eine ganze Wassermelone oder einen Fußball verschluckt. Lustig, oder? Vielleicht hast du Lust, gemeinsam mit Mama ein Foto herauszusuchen, als sie mit dir schwanger war. Wie sah Mama da aus? Wenn ihr wollt, klebt es hier in dieses Buch ein.

Bestimmt fragst du dich jetzt, wie dein Geschwisterchen überhaupt in Mamas Bauch gekommen ist und was es da eigentlich macht. Und wie das mit den Babys insgesamt so funktioniert.

Stell dir vor, das Baby hat sein Leben als winziges Ei begonnen, noch viel kleiner als ein

Stecknadelkopf. Dieses Ei besteht nur aus einer einzigen Zelle und liegt in Mamas Körper in ihren Eierstöcken. Hier gibt es ganz viele Eier, aber nur einmal im Monat wird ein Ei reif. Dann wandert es von den Eierstöcken in den Eileiter.

Eine Eizelle reicht aber nicht aus, damit Leben entstehen kann. Sie wäre auch viel zu alleine, findest du nicht auch? Deshalb muss noch eine Zelle dazukommen: Papas Samenzelle. Wenn du mit Legosteinen spielst, dann brauchst du am Anfang auch zwei Steine, die du aufeinanderstecken kannst, oder? Und genau so ist das auch hier in Mamas Bauch mit Samenzelle und Eizelle gewesen, als dein Geschwisterchen entstanden ist.

Aber weißt du, ganz so wie beim Legospielen ist es dann doch nicht. Denn Mamas Eizelle und Papas Samenzelle werden nicht wirklich aufeinandergesteckt. Es ist eher so, dass Papas Samenzelle in Mamas Eizelle hineinschlüpft.

Mamas Eizelle wartet aber nicht immer auf Papas Samenzelle, sondern nur zu ganz bestimmten Zeiten. Sie springt dann erst einmal mit einem riesigen Satz aus Mamas Eierstock hinaus in den Eileiter. Man sagt dazu auch Eisprung, und ja, es ist wirklich ein richtiger Hüpfer. Dieser Sprung passiert nur einmal im Monat. Die Eizelle wird von einem Trichter des Eileiters behutsam aufgefangen. Hier sitzen unglaublich viele kleine Härchen, die sich bewegen können und die Eizelle schließlich weiter durch den Eileiter Richtung Gebärmutter transportieren.

Jetzt kommen wieder Papas Samenzellen ins Spiel. Papa hat eine Menge Samenzellen! Sie kommen meistens zu Mama, wenn Mama und Papa sich sehr lieb haben. Dann ziehen die beiden sich ganz nackig aus, streicheln und küssen sich und schlafen miteinander. Das nennt man so, wenn Papas Penis in Mamas Vagina gleitet. Mama und Papa finden dieses Gefühl und dass sie so nah beieinander sind, sehr, sehr schön.

Deshalb kommen die Samenzellen aus Papas Penis heraus und beginnen eine lange Wanderung in Mamas Körper. Papas Samenzellen sind richtig klein, und man kann sie nur durch ein Mikroskop sehen. Ganz praktisch ist, dass sie kleine Schwänze haben, mit denen sie sich bewegen und zu Mamas Eizelle schwimmen können.

Papas Samenzellen beeilen sich ganz schön, denn alle wollen als Erste bei Mamas Eizelle sein. Aber nur sehr wenige Samenzellen kommen auch dort an. Genau dann kann ein Baby entstehen. Meistens schafft es aber nur eine einzige Samenzelle und trifft auf das Ei. Die beiden Zellen verschmelzen miteinander. Das nennt man Befruchtung.

Sobald eine Samenzelle im Ei ist, kann keine weitere Samenzelle mehr herein. Das ist ungefähr so wie bei einer verschlossenen Tür, zu der niemand einen Schlüssel hat. Stell dir vor, als du entstanden bist, bist du die schnellste Samenzelle gewesen, die als Erste bei Mamas Ei angekommen ist. Und genauso war es auch bei deinem Geschwisterchen, das jetzt unterwegs ist. Auch diese Samenzelle war sehr, sehr schnell bei Mamas Ei.

Wusstest du, dass alle Eizellen schon immer in Mamas Körper gewesen sind? Das bedeutet, dass auch du schon im Bauch deiner Oma gewesen bist, als sie mit Mama schwanger war. Verrückte Vorstellung, oder?

Weißt du, was passiert, nachdem die Samenzelle mit der Eizelle verschmolzen ist? Ein wahres Wunder. Denn nachdem aus beiden Zellen eine geworden ist, teilt sie sich ganz oft. Deshalb entstehen aus einer Ausgangszelle viele, sogar sehr viele Zellen. Aus einer werden zwei Zellen, aus zwei vier, dann acht Zellen und immer so weiter.

Aus den vielen Zellen formt sich dann eine kleine Zellkugel, die aber noch gar nicht aussieht wie ein Baby. Diese winzige Kugel fängt an zu wandern. Sie verlässt Mamas Eileiter, wo Ei- und Samenzelle sich getroffen haben. Im Eileiter kann die Zellkugel nämlich nicht so gut wachsen. Sie wandert deshalb so lange, bis sie in Mamas Gebärmutter angekommen ist. Dort fühlt sich die Babykugel so wohl, dass sie sich einnistet und eine ziemlich lange Zeit bleibt. Eben ganze vierzig Wochen.

Auch du bist wahrscheinlich so entstanden, als sich Mama und Papa ganz lieb hatten. Du bist in Mamas Bauch gewesen, so wie das Baby jetzt. Du bist gewachsen und auf die Welt gekommen. Und schau dich jetzt nur an. Wie groß du nun schon bist.

2. Eine lange, gefährliche Wanderung beginnt

Deine Eizelle ist wesentlich größer als das Spermium. Das liegt daran, dass sie ein wahrer Nährstoffspeicher ist. Diese Nährstoffe benötigen die Zellen deines Babys am Anfang, um überhaupt entstehen zu können. Denn erst, nachdem das Ei ein paar Tage gewandert ist, nistet es sich in der Gebärmutter ein. Das passiert, sobald die Zellkugel Kontakt mit der Gebärmutterwand bekommt und dadurch an der Gebärmutterschleimhaut andockt. Ab diesem Zeitpunkt wird die winzige Zellkugel mit Nährstoffen und Sauerstoff aus deinem Blut versorgt. Du kannst ganz beruhigt sein. Alles ist so, wie es sein soll!

Liebe große Schwester, lieber großer Bruder,

ich bin so aufgeregt, denn das hier ist schon mein zweiter Brief an dich! Ob er dir gefallen wird?
Weißt du eigentlich, wie ein Baby entsteht? Dann, wenn eine Mama und ein Papa sich lieb haben. Eine winzige Samenzelle von Papa und eine kleine Eizelle von Mama treffen aufeinander und verschmelzen.
Superpraktisch ist, dass die Samenzelle von Papa einen langen Schwanz hat, mit dem sie bis zu Mamas Eizelle schwimmen kann. Das kannst du dir ein bisschen so vorstellen wie im Schwimmbad, da bewegst du ja auch Arme und Beine, um im Wasser voranzukommen. Wenn die beiden Zellen sich dann getroffen haben, tun sie sich zusammen. Man sagt dazu auch, dass die Eizelle mit der Samenzelle verschmilzt. Jetzt wandern sie gemeinsam als eine Zelle weiter.
Ein winziges Baby ist entstanden. Das Minibaby bin ich! Und ich muss noch weiterwandern, denn mein Ziel ist die Gebärmutter. Sie ist mein Zuhause, in dem ich eine lange Zeit über wohnen und wachsen werde, bis ich schließlich auf die Welt komme.

Puh, eine lange und spannende Reise liegt hinter mir, und ich muss mich nun ein wenig ausruhen. Deshalb höre ich für heute erst einmal mit dem Schreiben auf. Ich melde mich aber bald wieder und schicke dir einen dicken Kuss aus Mamas Bauch!

Liebe Grüße von deinem kleinen Geschwisterchen

PS: Wusstest du, dass es bei zweieiigen Zwillingen gleich zwei Samenzellen schaffen, mit einer Eizelle zu verschmelzen? Deshalb bekommt die Mama dann auch zwei Babys, die aber völlig unterschiedlich sind. Vielleicht kennst du sogar zweieiige Zwillinge?

Damit Mamas Eizelle auf Papas Samenzelle treffen kann, muss sie erst einmal einen riesigen Hüpfer machen. Man sagt dazu auch Eisprung. Eine ganz schöne Leistung für so ein kleines Ei. Und Papas Samenzelle hat einen unglaublichen Hindernislauf vor sich, bevor sie Mamas Eizelle überhaupt erreicht hat.

Hast du Lust, Ei- und Samenzelle zu spielen? Bau dir doch dafür eine Hindernisbahn auf. Vielleicht kannst du Kissen und Stühle verwenden. Am Start machst du einen riesigen Sprung, so wie Mamas Eizelle. Nach dem Sprung landest du auf allen vieren auf dem Boden und legst dich hier auf den Bauch. Jetzt versuchst du, so wie Papas Samenzelle durch die Hindernisbahn zu schwimmen. Dafür kannst du einmal mit deinen Beinen wedeln wie eine Meerjungfrau oder ein Taucher. So schwimmst du zwar auf dem Trockenen, kannst aber an den aufgestell- ten Hindernissen vorbeikommen, bis zum Ziel!

Geschafft!

Wenn Papa und Mama sich lieb haben, machen sich ungefähr 150 Millionen Samenzellen von Papa auf den Weg. Du müsstest an die Zahl 15 also noch 6 Nullen anhängen.

15 . . . . . .

Stell dir vor, es gibt knapp 7 Milliarden Menschen auf der Welt. Eine ganze Menge, findest du nicht auch? Alle Menschen sind verschieden, aber sie sind auch auf die gleiche Weise entstanden.

Das sind ganz schön viele Samenzellen, die du gerade aufgeschrieben hast, oder? Alle Samenzellen kommen aus Papas Penis heraus und sind nun in Mamas Körper. Das ist quasi der Startschuss, denn nun beginnt ein spannendes Wettrennen. Jede Samenzelle will unbedingt als Erste bei Mamas Eizelle ankommen. Der Weg zum Ziel ist aber ganz schön lang und gefährlich.

Stell dir vor, in Mamas Körper rutschen die Samenzellen zuerst über eine 30 Zentimeter lange Extra-Samenzellen-Rutsche hinunter. Das kannst du dir ungefähr so wie eine Rutsche im Schwimmbad vorstellen. Aber anstatt in einem Auffangbecken mit schön warmem Wasser zu landen, fallen die Samenzellen am Schluss in ein sehr, sehr ungemütliches Säurebad. Das ist so, als müsstest du durch Zitronensaft schwimmen. Der kann auch ganz schön in den Augen brennen und tut außerdem noch auf der Haut weh, stimmt's?

Dieses Säurebad ist 10 Zentimeter lang. Nur wenige Samenzellen schaffen es überhaupt, hier hindurchzuschwimmen. Es bleiben nur ungefähr 60.000 Samenzellen übrig, die es bis zum nächsten Hindernis, dem Gebärmutterhals, schaffen. Ganze 2 Zentimeter ist dieser Gebärmutterhals lang und er ist steil, wie ein Berg in den Alpen. Die Samenzellen müssen also nicht nur richtig prima schwimmen können, sie müssen auch gute Bergsteiger sein. Super, super gute, um genau zu sein. Ganz oben auf dem Gebärmutterhalsberg kommen nur noch 3.000 Samenzellen an. Und stell dir vor, sie sind immer noch nicht da!

Jetzt müssen sie durch ein gefährliches Labyrinth im Gebärmutterhals gelangen. Gar nicht so einfach, den richtigen Weg zu finden. Wenn die Samenzellen das geschafft haben, sind sie fast am Ziel angekommen. Aber auch nur fast, denn nun werden sie auch noch von weißen Blutkörperchen, die sich in der Gebärmutter befinden, angegriffen. Nur 50 Samenzellen entkommen den weißen Blutkörperchen. Dann endlich haben sie es geschafft, sie sind im sicheren Eileiter angekommen. Jetzt sind nur noch 14 bis 24 Samenzellen übrig.

Ausruhen dürfen sie sich aber nicht. Ganz im Gegenteil, denn nun müssen sie noch einen richtigen Endspurt hinlegen. Das ist so wie beim 800-Meter-Lauf. Am Schluss muss man noch einmal ordentlich Gas geben und seine allerletzten Kraftreserven bis zum Ziel hervorholen. Denn nur eine Samenzelle, die allerschnellste, schafft es, auf die Eizelle zu treffen. Sie schlüpft in die Eizelle hinein, und beide verschmelzen.

Die befruchtete Eizelle beginnt sich zu teilen, und daraus entstehen viele, viele Zellen. Du kannst dir vorstellen, dass diese Zellen eine Art Bläschen bilden. Dieses Bläschen ist dein neues Geschwisterchen. Das Baby-Bläschen wandert nun in die Gebärmutter. Nach sechs Tagen kommt es an seinem Ziel in der Gebärmutter an. Hier fühlt es sich so wohl, dass es sich dort ganz gemütlich einrichtet. Man sagt dazu, dass die Einnistung stattfindet.

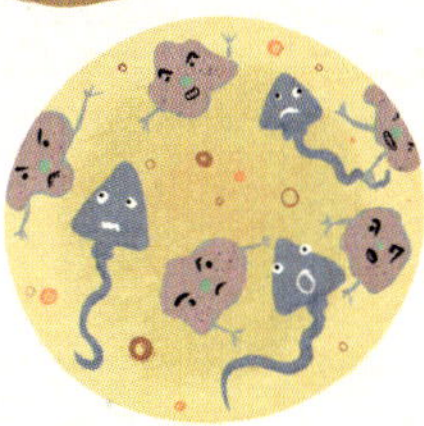

3. Die kleinste lebende Einheit – die Zelle

Die Zellkugel, die nach der Befruchtung und Einnistung entstanden ist, wächst sehr rasch. Bis zur achten Schwangerschaftswoche sagt man auch Embryo zu ihr. Das Wort Embryo leitet sich aus dem Griechischen ab. Dabei bedeutet *en* so viel wie »in, darin« und *bryein* entspricht »sprossen, keimen«. Von da an bis zur Geburt wird dein Kind auch als Fötus bezeichnet. Dieser Begriff kommt aus dem Lateinischen und bedeutet so viel wie Nachwuchs. Welche Kosenamen hattest du in der Schwangerschaft mit deinem großen Kind und welche kommen dir jetzt für dein Baby in den Sinn?

Lieber großer Bruder, liebe große Schwester,

weißt du eigentlich, aus welchen Bausteinen dein und auch mein Körper gemacht ist? Aus Lego wohl eher nicht, das würde auch ziemlich komisch aussehen. Aber genau diese Frage finde ich richtig spannend und möchte sie deshalb heute mit dir genauer erforschen.
Hast du auch Lust dazu? Los geht's!
Das Geheimnis des Lebens und auch des menschlichen Körpers liegt in einem ganz, ganz winzigen Baustein, der viel kleiner ist als ein Legoteil: der Zelle. Im Punkt am Ende des Satzes würden 500 Zellen Platz finden. Deshalb kann man sie auch nur unter dem Mikroskop betrachten.
Kannst du dich noch an die Eizelle von Mama und die Samenzelle von Papa erinnern? Als diese beiden Zellen verschmolzen sind, bin ich entstanden.
Ist es nicht ein Wunder, dass aus zwei Zellen ein ganzer Mensch mit Haaren, Haut, Zähnen, Ohren, Nase, Wimpern, Herz, Knochen, Gehirn, Muskeln und allem Drum und Dran wird?
Noch bin ich winzig, winzig klein. Bis ich groß genug bin, um auf die Welt

zu kommen, wird noch eine ganze Zeit vergehen. Ich finde, unser Körper ist so spannend und fasziniernd, und ich möchte dir noch ganz oft davon schreiben. Aber im nächsten Brief berichte ich dir erst einmal, wie es in meinem neuen Zuhause, der Gebärmutter, aussieht. Vielleicht hast du Lust, mein neues Zimmer mit mir einzurichten.

Ich sende dir eine liebevolle Umarmung aus Mamas Bauch.
Dein Geschwisterchen

Kannst du dir vorstellen, dass dein Geschwisterchen aus nur zwei Zellen entstanden ist und es gerade noch winzig klein ist? Auch du bist einmal so klein gewesen. Doch schau dich nun einmal an, du bist ordentlich gewachsen. Hast du Lego-, Duplosteine oder auch ganz andere Baumaterialien zu Hause? Dann bau doch einmal deinen Körper. Kannst du einen Bauch zusammensetzen, an ihm Arme und Beine festmachen und auch deinen Kopf darauf platzieren? Sieht deine Figur dir ähnlich? Und wie würdest du wohl den Körper deines Geschwisterchens gestalten? Bau doch einfach mal nach Herzenslaune drauflos!

Stell dir vor, es gibt Lebewesen, die bestehen nur aus einer einzigen Zelle! In ihr haben sie alles, was sie zum Leben brauchen. Deshalb nennt man sie auch Einzeller.

Aber was wäre, wenn wir Menschen auch nur aus einer Zelle bestehen würden? Dann wären wir winzig klein. Zum Glück ist das ja nicht so, denn wir sind Vielzeller und aus einer Unmenge an Zellen gebaut. Ein erwachsener Mensch besteht aus 100 Billionen Zellen. Das ist eine Eins mit 14 Nullen dahinter.

Die Eins steht schon einmal da, nun kannst du einmal 14 Nullen dahinter malen. Eine wahnsinnig lange Zahl und auch wahnsinnig viele Zellen, aus denen unser Körper aufgebaut ist, oder?

All die vielen Zellen in deinem Körper haben eine Menge Gemeinsamkeiten. Egal, ob du eine Hautzelle an deinen Fingern oder aber eine Zelle aus deiner Zunge untersuchst, alle Zellen sind von einer Hülle umgeben. Diese Hülle nennt man auch Zellwand. Sie hält alles zusammen, was sich in der Zelle befindet. Aber diese Wand lässt auch Nährstoffe hinein und Abfälle hinaus. Wie bei einem Sieb können so nur bestimmte Stoffe die Zelle verlassen oder in sie hineinkommen.

Im Zellinneren gibt es den Zellkern. Er ist die Steuerzentrale der Zelle und unglaublich wichtig. Alles, was in der Zelle passiert, wird hier geregelt. Der Zellkern enthält auch dein Erbgut. Dort ist der Bauplan deines Körpers festgeschrieben: welche Farbe deine Augen haben, ob du ein Zungenroller bist oder nicht, wie groß du einmal wirst und wann du deinen ersten Milchzahn verlierst.

In der Zelle gibt es aber auch winzige Energiekraftwerke. Man nennt diese Minikraftwerke Mitochondrien. Ein lustiger Name, oder? Diese Kraftwerke bauen Nährstoffe ab und erzeugen damit Energie. Würde das nicht passieren, könntest du nicht laufen und auch nicht denken, denn für all das brauchst du eine Menge Energie. Und deshalb hast du auch jede Menge Mitochondrien in einer Zelle.

Aber in jeder Zelle finden sich auch sogenannte Vakuolen. Das sind kleine Bläschen, die wie winzige Autos funktionieren. Sie sind dafür zuständig, dass Abfälle aus der Zelle gelangen und Flüssigkeit wieder hinein.

Stell dir vor, viele Zellen sind in der Lage, sich zu teilen. So wächst der Körper, denn aus zwei Zellen werden vier, aus vier acht und aus acht sechzehn. Dadurch, dass Zellen sich teilen können, kann dein Körper auch sich selbst ganz einfach reparieren. Wenn du dich zum Beispiel verletzt hast und blutest, fangen die Zellen um deine Wunde herum an, sich zu teilen. So entstehen neue Hautzellen, und deine Wunde heilt allmählich. Das kennst du bestimmt, oder? Aber Körperzellen sterben auch mit der Zeit. Eine Hautzelle lebt zum Beispiel dreißig Tage, also einen ganzen Monat lang. Danach wird sie durch eine neue ersetzt.

Wusstest du, dass in deinem Körper 200 unterschiedliche Zelltypen zu finden sind? Je nachdem, wo eine Zelle in deinem Körper sitzt, hat sie unterschiedliche Aufgaben. Eine Zelle in deinem Auge ist also anders als eine Zelle, die in deinem Herz sitzt.

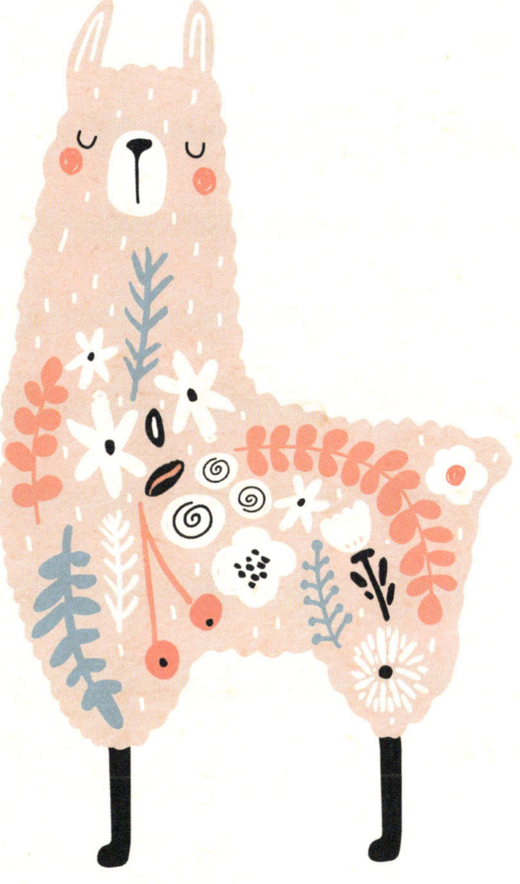

4. Mein Zimmer – die Gebärmutter

Deine Gebärmutter ist ein Muskel, der wahre Wunder vollbringt. Sie ist das Zuhause deines Babys und schützt es vor äußeren Einflüssen. Während der Schwangerschaft wird das Gewicht der Gebärmutter von etwa 30 auf 1.200 Gramm anwachsen.

Gerade jetzt sind vor allem die unteren Muskelschichten der Gebärmutter aktiv. Sie halten und tragen dein Baby, das immer schwerer wird. Unter der Geburt dürfen sich diese Muskeln entspannen, damit die oberen, dann aktiven Muskelschichten sie nach oben ziehen können. Dadurch öffnet sich dein Körper und schafft den Platz, den dein Baby braucht, um sanft auf die Welt gleiten zu können. Ein faszinierendes und perfekt aufeinander abgestimmtes Zusammenspiel, dem du absolut vertrauen kannst.

Liebe große Schwester, lieber großer Bruder,

gerade richte ich mich in meinem neuen Zuhause in Mamas Bauch ein, ihrer Gebärmutter. Weil die Gebärmutter so praktisch mitwächst, kann ich die ganze Schwangerschaft über hier bleiben und muss nicht umziehen.

Nun, da ich hier wohne und es kuschelig warm habe, hast du vielleicht Lust, die Gebärmutter, also mein Zimmer, mit mir gemütlich einzurichten? Welche Farbe kommt dir für meine Wände in den Sinn? Genauso streichen wir sie, okay?

Jetzt, wo die Wände so schön farbig sind, kannst du mir helfen, ein paar Bilder aufzuhängen. Vielleicht ein Foto von unserer Familie? Oder du malst ein Bild, das wir an der Wand festmachen können. Darüber würde ich mich sehr freuen, denn sonst sehen die Wände ein wenig leer aus. Und mit Bildern ist es gleich viel gemütlicher.

Hast du auch Bilder an den Wänden in deinem Kinderzimmer? Erzähl mir doch alles ganz genau, wie es in deinem Zimmer aussieht.

Ach, wie ich mich freue, wenn ich auf der Welt bin und ich mir alles gemeinsam mit dir ansehen kann. Zeigst du mir dann deine Spielsachen und unsere Wohnung? Ich bin schon so gespannt, wie alles zu Hause aussieht!

Bis es so weit ist, sende dir einen dicken Kuss aus Mamas Bauch.
Bis bald, dein Geschwisterchen

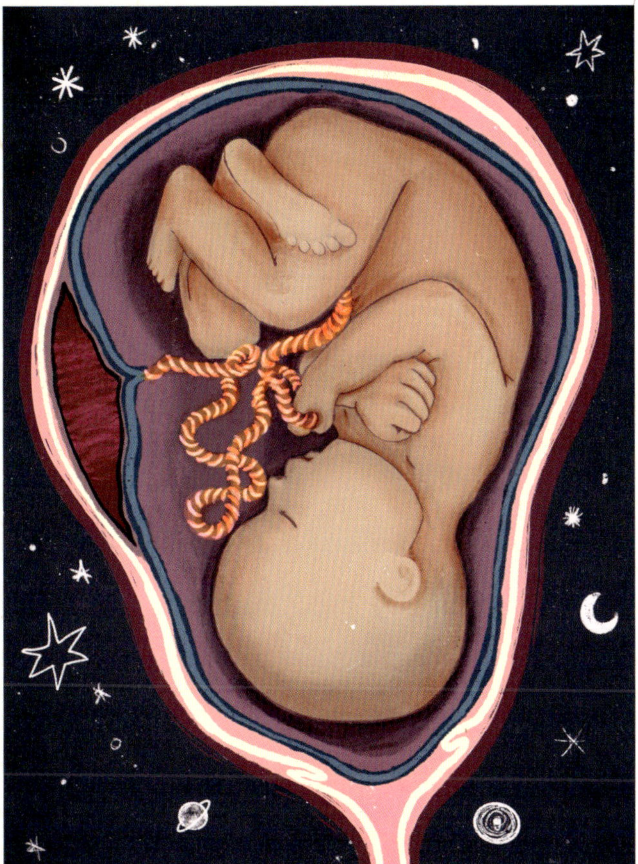

Hast du dich schon mal gefragt, was das Baby in Mamas Bauch eigentlich zu essen kriegt? Das ist spannend: An der Innenwand der Gebärmutter sitzt der Mutterkuchen. Du kannst ihn dir vorstellen wie einen reich gefüllten Kühlschrank mit allerlei Leckereien darin. Immer wenn Mama etwas isst, wandert ein Teil der Nahrung in den Mutterkuchen. Von hier bekommt das Baby dann alles in ganz, ganz kleinen Portionen, damit es immer gut versorgt ist. Was glaubst du: Mag dein Geschwisterchen am liebsten Nudeln mit Soße oder Gurkensalat mit Ei? Oder doch Müsli mit Banane? Vielleicht erzählst du ihm, was du am liebsten isst. Schreib es doch hier ganz einfach auf:

Mamas Gebärmutter ist ein wunderbares Organ, das die Form einer auf den Kopf gestellten Birne hat. Und diese Gebärmutterbirne liegt in ihrem Bauch. Sie kann sich ausdehnen und wächst mit, je größer das Baby wird. Du kannst sie dir ungefähr so vorstellen wie einen Luftballon, den du allmählich mit Luft aufbläst. Am Anfang ist er noch ganz klein, dann dehnt er sich aus und wird immer größer, stimmt's?

Im Gegensatz zu deinem Luftballon kann Mamas Bauch aber nicht platzen. Auch wenn dein Geschwisterchen am Schluss der Schwangerschaft schon ordentlich gewachsen ist und Mamas Bauch einer großen, runden Kugel ähnelt.

Direkt um das Baby herum ist eine sehr zarte, dünne Wand gezogen. Eine sogenannte Membran, die man Fruchtblase nennt. In ihr befindet sich das Fruchtwasser, in dem dein Geschwisterchen liegt. Auch diese Wand wächst praktischerweise mit, sodass immer genügend Platz ist.

Das Fruchtwasser ist angenehm warm, und so friert das Kleine auch nicht in Mamas Bauch. Du kannst es dir also genauso vorstellen, wie wenn du in die Badewanne steigst. Das Gute an Mamas Fruchtwasser ist, dass immer wieder frisches, sauberes Fruchtwasser hinzukommt! Damit ist für alles bestens gesorgt.

Hast du auch genau aufgepasst? Was gibt es hier in Mamas Bauch?

a) Kalter Hund

b) Papa-ya

c) Mutterkuchen

5. Das bist du!

Geschwister nicht miteinander zu vergleichen und sie mit ihren ganz eigenen Charakterzügen zu akzeptieren, ist manchmal eine Herausforderung. Welche Gedanken beobachtest du bei dir, wenn du an die Persönlichkeit deines großen Kindes denkst? Hast du einen Satz im Kopf, der deine Vorstellung beschreibt, wie dein großes Kind eben ist? Und wie denkst du über dein Baby? Die Gedanken, die du hast, kreieren die Welt, wie du sie sehen willst. So entstehen deine Glaubenssätze. Es macht einen Unterschied, genau das zu erkennen und wahrzunehmen – denn ist die Welt wirklich so, wie du darüber denkst? Ein kleines Gedankenexperiment hilft dir, genau das zu hinterfragen. Formuliere den Satz doch einfach einmal um: »Ich habe den Gedanken, dass mein Kind beziehungsweise mein Baby so ist.« Verändert sich dadurch deine Sichtweise und die Vorstellung, die du über dein Kind oder dein Baby hast? Kannst du bemerken, dass es nur deine Gedanken sind, es aber nicht so sein muss?

Lieber großer Bruder, liebe große Schwester,

es ist gar nicht viel Zeit vergangen, seit ich dir das letzte Mal geschrieben habe. Heute bin ich ganz gespannt, denn ich möchte dich einmal besser kennenlernen. Stell dir vor, auch du bist hier in Mamas Bauch gewesen. Du warst am Anfang winzig, winzig klein, genau wie ich jetzt. Schau dich nur an, wie groß du nun schon geworden bist und was du alles kannst!

Ich möchte alles, wirklich alles über dich wissen! Ich habe mir ganz viele Fragen überlegt, und vielleicht kannst du mit Mama oder Papa hier in mein Geschwisterbuch Antworten hineinschreiben. Ich bin neugierig, wie groß du bist, aber auch, was wir mitnehmen, wenn wir zusammen aufregende Sachen machen. Zum Beispiel eine Expedition zum Mond.

Oh ja, ich möchte auch zum Mond fliegen. Und dich nehme ich auf jeden Fall mit.

Stell dir doch einmal vor, wie wir in einer richtigen Rakete zusammensitzen und auf große Weltraumentdeckungstour gehen. Wir könnten zusammen wahnsinnig spannende Abenteuer erleben! Oh, wie ich mich darauf freue! Was müssen wir alles einpacken?
Also Stifte her, und los geht's.

Bis dahin eine dicke Umarmung aus Mamas Bauch von deinem Geschwisterchen!

PS: Wenn du alle Fragen auf den nächsten Seiten über dich beantwortet hast, weiß ich schon jede Menge über dich! Und ich finde es so spannend, wie du aussiehst, was du alles machst und was du schon alles kannst. Beim nächsten Mal schreibe ich dir, wie ich aussehe, und was ich hier in Mamas Bauch alles erlebe.

Hast du Stifte und ein Blatt Papier griffbereit oder kannst beides schnell besorgen? Wenn du alles hast, überlege einmal: Welche Abenteuer fallen dir ein, die du mit deinem kleinen Geschwisterchen erleben könntest? Sitzt ihr gemeinsam in der Rakete zum Mond, oder erkundet ihr den Dschungel und begegnet auf dieser Expedition wilden Tieren? Grabt ihr zusammen ein tiefes Loch bis nach Australien oder taucht ihr mit Walen und erforscht zu zweit die Tiefsee?

Male doch ein Bild, wie ihr gemeinsam auf Entdeckungstour geht!

So heißt du:

Du bist Jahre alt

So groß bist du:

Deine Augenfarbe:

Deine Haarfarbe:

Das magst du überhaupt nicht:

Das willst du einmal mit mir essen:

Das willst du unbedingt mit mir spielen:

Diese Person würdest du dieses Jahr gerne kennenlernen:

So sehen deine Socken aus, die du heute trägst:

Das sammelst du gerne:

So lange kannst du pupsen:

Davor hast du am meisten Angst:

So lange kannst du die Luft unter Wasser anhalten:

Hierin bist du Experte oder Expertin:

Diesen Beruf findest du besonders spannend:

Das wünschst du dir am meisten:

6. Und das bin ich!

Es ist unglaublich, dein Baby wächst und wächst und entwickelt sich jeden Tag weiter. In einem Monat kommen ungefähr 2,5 Zentimeter Baby hinzu. Der Kopfumfang wird in 30 Tagen um 1,2 Zentimeter größer. Manchmal wird es dir vielleicht so vorkommen, als könntest du deinem Bauch und somit auch deinem Baby über Nacht beim Wachsen zusehen. Was für ein schönes, intensives Erlebnis. Dabei folgt dein Baby seinem ganz individuellen Fahrplan, und das ist auch gut so. Manchmal kann eine erfahrene Hebamme das Gewicht und die Größe deines Babys mit ihrem Blick und ihren Händen genauer erfassen als alle Ultraschallgeräte dieser Welt. Probier' es aus und sei dir sicher: Dein Baby hat genau die richtige Größe für dich und deinen Körper!

Liebe große Schwester, lieber großer Bruder,

noch vor Kurzem war ich so winzig klein, dass du mich mit bloßem Auge gar nicht hättest sehen können. Ich sah auch noch ganz anders aus, nicht so wie du mit Armen und Beinen und einem Kopf. Nein, am Anfang bestand ich nur aus ein paar winzigen Zellen. Ich hatte eher Ähnlichkeit mit einer fliegenden Untertasse als mit einem Menschen.

Ich bleibe nun fast zehn Monate in Mamas Bauch. Rechne doch einmal mit Mama und finde heraus, in welchem Monat ich zur Welt kommen soll! Bis dahin wachse ich immer noch weiter. Stell dir vor, in Mamas Bauch würde eine Wassermelone liegen. Eine lustige Idee, oder? Genau so groß bin ich aber geworden, wenn die Schwangerschaft fast vorüber ist.

Ob ich übrigens ein Mädchen oder ein Junge werde, verrate ich noch nicht.

Aber du kannst dich bestimmt noch ein wenig gedulden, bis du es erfährst.

Ich möchte in jedem Fall so groß werden wie du! Dann können wir gemeinsam ganz viele tolle Dinge spielen!

Und vielleicht als Stärkung ein Stück Wassermelone oder eine Kirsche zwischendurch knuspern.

Ich schreibe dir bald wieder und sende dir einen dicken Kuss aus Mamas Bauch!
Dein Geschwisterchen

PS: Stell dir vor, ein Elefantenkalb kann bei der Geburt bereits hundert Kilogramm wiegen. Da bin ich mit durchschnittlich 3,5 Kilogramm ein echtes Fliegengewicht, findest du nicht auch? Frag doch einmal Mama, wie groß und wie schwer du nach deiner Geburt gewesen bist.

Zehn Monate oder auch vierzig Wochen werden jetzt also vergehen, in denen dein Geschwisterchen in einem Rekordtempo wachsen wird!

Stell dir einmal ein einziges Sandkorn vor. Wenn du schon am Strand gewesen bist, weißt du, wie winzig das ist. So klein war das Baby ganz am Anfang. Ein bisschen später, nach vier Wochen, war es so klein wie ein Mohnkorn auf deinem Mohnbrötchen. Magst du Johannisbeeren? Wenn du dir die Größe einer Johannisbeere vorstellst, dann weißt du ungefähr, wie groß dein Geschwisterchen in der achten Woche ist.

Wieder vier Wochen später ist das Baby schon so groß wie eine Kirsche. Stell dir vor, du könntest es ganz bequem in deine Hand nehmen. Vielleicht kommt dir das immer noch ganz schön klein vor, aber das Kleine ist sicher mächtig stolz darauf, dass es nun größer ist als ein Sandkörnchen.

Dein Geschwisterchen strengt sich auch weiterhin ganz arg an und wächst immer weiter. In der 16. Woche ist es schon so groß wie eine Pflaume. Bestimmt kannst du dann schon gut an Mamas Bauch sehen, dass es kräftig zunimmt. Denn auch Mamas Gebärmutter wächst mit, und ihr Bauch wird mit der Zeit immer runder werden. Findest du es nicht auch wunderschön, dass nun schon jeder sehen kann, dass du bald ein Geschwisterchen bekommst?

Stell dir vor, wenn dann noch einmal vier Wochen vergangen sind, ist auch schon die Hälfte der Zeit in Mamas Bauch vorbei. In der zwanzigsten Woche ist das Baby wieder kräftig gewachsen und hat ungefähr die Größe einer Birne.

Nach weiteren vier Wochen hat das Baby den Umfang einer Orange und nach einem weiteren Monat den einer Avocado. In der 32. Woche ist es so groß wie eine Ananas. Dann dauert es nicht mehr lange, bis es auf die Welt kommt. Aber du musst wissen, dass dein Geschwisterchen sich gerade in den letzten Wochen noch einmal richtig anstrengt und einen kräftigen Wachstumsschub durchmacht. Und so ist es vier Wochen vor seiner Geburt schon so groß wie ein Kürbis. Ganz am Ende der Schwangerschaft kannst du es dann mit einer Wassermelone vergleichen.

8. Woche

12. Woche

16. Woche

20. Woche

24. Woche

28. Woche

32. Woche

Vielleicht blätterst du immer mal wieder in den nächsten Wochen auf diese Seiten zurück, damit du dir vorstellen kannst, wie groß dein Geschwisterchen gerade ist.

Vielleicht hast du Lust, einmal einen Ball oder eine Puppe von dir zu holen, die ungefähr so groß sind wie eine Wassermelone. Steck dein Spielzeug einfach unter dein Oberteil und du kannst dir vorstellen, wie groß Mamas Bauch kurz vor meiner Geburt sein wird. Ganz schön rund und kugelig, oder? Du kannst auch versuchen, eine Zeitlang mit diesem Ball-Puppen-Kugel-Bauch herumzulaufen. Fühlt sich das lustig an? Nun ist nicht nur Mama schwanger, sondern auch du!

36. Woche

40. Woche

7. Der Motor meines Körpers – das Herz

Ganz am Anfang entwickelt sich das kardiovaskuläre System deines Babys, sprich das Herz und die Gefäße. Dieses System übernimmt wichtige Körperfunktionen. Das Herz schlägt bereits, wenn deine Periode eine Woche überfällig ist. Vielleicht hast du jetzt gerade Gänsehaut und ein Kribbeln im Bauch. Wie schön! Im Herzen deines Babys existiert eine Öffnung, die bei der Geburt geschlossen wird. Ab diesem Moment können sich verbrauchtes und frisches Blut nicht mehr mischen. Ein Detail, welches du wertschätzen darfst!

Lieber großer Bruder, liebe große Schwester,

heute habe ich wieder einmal Lust, dir einen Brief zu schreiben. Und ganz zu Anfang möchte ich dir eine Frage stellen. Weißt du schon, wo genau dein Herz in deinem Körper sitzt? Ja, stimmt, in deinem Brustkorb auf deiner linken Körperseite. Lege doch einmal deine Hand an diese Stelle. Merkst du ein gleichmäßiges Pochen? Genau, das ist dein Herz. Was du gerade spüren kannst, ist dein Herzschlag. Wenn du möchtest, kannst du auch mal bei Mama fühlen. Wenn du ein Ohr auf ihre linke Körperseite legst, hörst du ihr Herz vielleicht sogar schlagen.
Jeder Mensch braucht ein Herz. Das Herz ist der Motor unseres Körpers. Ein Auto könnte ohne Motor nicht einen einzigen Meter fahren. Und genauso ist das mit unserem Körper. Wir könnten ohne unser Herz nicht leben.
Stell dir vor, mein Herz hat auch schon zu schlagen begonnen! Es ist noch winzig, winzig klein, aber doch schon so kräftig, dass es Blut durch meinen Körper pumpen kann. So werden meine Organe, die gerade entstehen, gut versorgt. So wachsen zum Beispiel Lunge, Magen und Darm weiter. Ist das nicht toll? Um mein Herz schlagen zu hören, bräuchte man ein spezielles Abhörgerät. Wenn ich auf der Welt bin, darfst du auch meinen Herzschlag einmal untersuchen. Wenn ich daran denke, macht mein Herz vor Freude in diesem Moment einen kleinen Hüpfer.

Ich sende dir einen lieben Gruß und eine Umarmung aus Mamas Bauch!
Bis zum nächsten Mal!
Dein Geschwisterchen

PS: Wusstest du, dass Kraken drei Herzen haben und Quallen gar keins? Und das größte Herz im Tierreich hat der Blauwal. Stell dir vor, es ist so groß wie ein kleines Auto!

Dein Herz versorgt deinen Körper mit Energie, besonders, wenn du dich anstrengst. Dann muss es auch mehr arbeiten. Bestimmt hast du schon einmal Fangen mit deinen Freunden gespielt und da deinen ultimativen Flitzeturbogang eingelegt. Wenn du richtig schnell rennst, dann verändert sich etwas in deinem Körper. Weißt du auch, was? Du kannst es gerne einmal ausprobieren und einen kleinen Dauerlauf oder zehn Hampelmänner schnell hintereinander machen. Und was passiert mit deinem Herzschlag und deiner Atmung? Wenn du schnell läufst, muss dein Herz deinen Körper ganz schnell mit viel Energie und Sauerstoff versorgen, damit deine Muskeln gut arbeiten können. Den Sauerstoff nimmt das Herz aus der Atemluft und den Lungen. Deshalb schlägt dein Herz dann auch viel schneller, und du musst auch mehr Atemzüge nehmen, stimmt's?

Balle einmal deine Hand zu einer Faust. Ungefähr so groß ist dein Herz gerade. Mamas Herz schlägt etwa siebzig Mal pro Minute. Dein Herz hingegen schlägt viel schneller, etwa hundert Mal in einer Minute, und das des Babys sogar 130 Mal. Richtig schnell, oder?

Stoppe doch einmal die Zeit von einer Minute auf einer Uhr und zähle währenddessen, wie oft dein Herz schlägt. Lege dazu deine Hand auf dein Herz. Alternativ kannst du auch versuchen, deinen Herzschlag an deinem Hals zu spüren. Dazu brauchst du ein bisschen Fingerspitzengefühl. Nimm dafür Zeige- und Mittelfinger und lege sie zwischen Ohr und Kinn an deinen Hals. Kannst du dort ein sanftes Pochen wahrnehmen? Genau das ist dein Herzschlag, und das, was du hier messen kannst, nennt man Puls. Vielleicht machen Mama und Papa auch mit. Wenn du möchtest, dann schreibe deine Herzschläge hier auf:

Mein Herz schlägt so oft in einer Minute:

Mamas Herz schlägt so oft in einer Minute:

Papas Herz schlägt so oft in einer Minute:

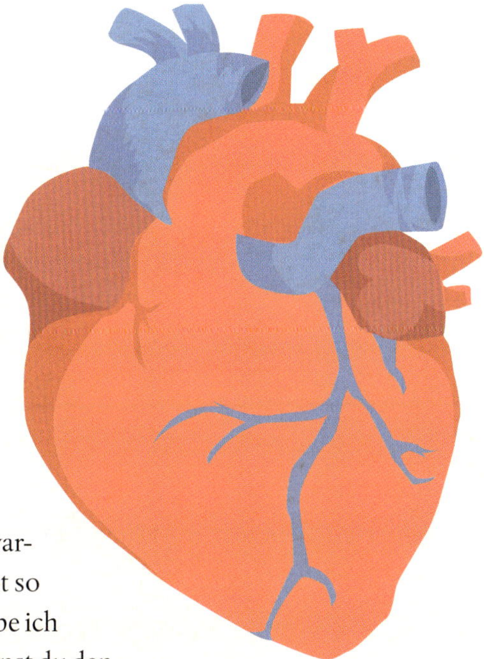

Das, was das Herz macht und warum es so wichtig ist, ist gar nicht so einfach zu erklären. Deshalb habe ich dir einmal ein Herz gemalt. Kannst du den roten Teil entdecken? Das ist eine deiner Herzkammern. Hier sammelt sich dein frisches Blut und wird durch deinen Herzschlag in die Arterien gepumpt. Die Arterien sind so etwas wie lange Tunnelröhren, die durch deinen ganzen Körper verlaufen. Wie ein Straßennetz, das durch deinen Körper gelegt ist, fließt das Blut hier hindurch bis in jeden deiner Muskeln, in jeden deiner Knochen und in jedes Organ deines Körpers.

Das ist ganz wichtig, denn dein Blut ist wie ein Lastwagen voll beladen mit Nährstoffen und auch mit Sauerstoff. Dein Blut transportiert die Nährstoffe und den Sauerstoff genau an die Körperstellen, an denen sie gebraucht werden. Wenn dein Blut den Sauerstoff und die Nährstoffe an ihrem Ziel abgeladen hat, dann fließt es über ähnliche Tunnelröhren zurück zu deinem Herzen. Diese Tunnelröhren nennt man Venen. Sie transportieren das Blut, wenn es zum Beispiel Kohlenstoffdioxid aufgenommen hat. Kohlenstoffdioxid ist eine Art Abfallstoff, den dein Körper nicht mehr braucht. Dein Blut fließt in deinem Körper also immer im Kreis. Deshalb nennt man das Ganze auch Blutkreislauf.

8. Warum ist Mama jetzt manchmal so komisch?

Die Umstellungen, die gerade in deinem Körper stattfinden, sind erheblich. Es ist kaum verwunderlich, dass du vielleicht oft müde bist. Nimm dir Zeit, wann immer es geht, um dich auszuruhen. Eine echte Herausforderung – hast du doch bereits ein Kind, um das du dich kümmern darfst. Versuche trotzdem, auf dich zu achten und regelmäßige Ruhe-Inseln in deinen Mama-Alltag zu integrieren. Es ist möglich und nicht egoistisch, auch einmal an sich selbst zu denken!

Liebe große Schwester, lieber großer Bruder,

genau acht Wochen bin ich nun schon in Mamas Bauch. Mamas Gebärmutter ist jetzt so groß wie ein Hühnerei, und ich bin auch schon ganz ordentlich gewachsen. Vielleicht möchtest du einmal zurückblättern und nachsehen, wie groß ich in der achten Woche bin. Hast du es herausfinden können? Ja, genau, so groß wie eine Johannisbeere.

Heute möchte ich dir erklären, warum Mama wahrscheinlich gerade etwas anders ist als sonst. Vielleicht hast du gemerkt, dass sie manchmal schlechte Laune hat oder sogar meckert. Das liegt nicht an dir. Mamas Körper muss sich erst an mich gewöhnen. Außerdem atmet Mama gleich für zwei, für sich selbst und auch für mich, damit ich hier in ihrem Bauch gut versorgt bin.

Für Mama ist der Anfang der Schwangerschaft so anstrengend, als würde sie jeden Tag drei Stunden lang ohne Pause rennen. Da würdest du bestimmt auch ganz schön aus der Puste kommen, oder? Du musst dir aber keine Sorgen machen. Mamas Körper macht das wunderbar, aber trotzdem kann es sein, dass sie davon manchmal ordentlich müde ist. Ihr geht es aber trotzdem gut, und auch ich fühle mich pudelwohl.

Ich habe dich furchtbar lieb und schicke dir eine dicke Umarmung aus Mamas Bauch.
Dein Geschwisterchen

Ist dir vielleicht schon aufgefallen, dass Mama nicht mehr wie vorher essen kann? Von manchen Nahrungsmitteln wird ihr vielleicht sogar richtig schlecht. Das ist aber gar nicht so schlimm und wird bald vorbeigehen. Als Mama mit dir schwanger war, ging es ihr vielleicht ähnlich. Frag sie doch einmal, was sie in der Schwangerschaft mit dir gar nicht mehr gerne gegessen hat und worauf sie besonders Lust hatte.

Darauf hat Mama nun besonders viel Lust:

Das mag Mama jetzt gar nicht mehr essen:

Übrigens kann Mama gerade viel besser riechen als vor der Schwangerschaft. Das ist richtig praktisch, denn sie kann viel schneller feststellen, dass gerade das Essen in der Pfanne anbrennt. Und das, bevor der Rauchmelder anfängt zu piepen. Toll, oder?

Machst du dir manchmal Gedanken, wie es sein wird, wenn dein Geschwisterchen auf der Welt ist? Vielleicht denkst du, dass Mama und Papa dann weniger Zeit für dich haben. Ganz am Anfang braucht das Baby tatsächlich viel Hilfe, denn es kann ja noch nichts wirklich alleine machen. Aber trotzdem werden Mama und Papa immer für dich da sein, daran wird sich auch nie etwas ändern. Sie haben euch beide gleich viel lieb.

Um das zu sehen, mache einmal folgendes kleines Experiment. Dazu brauchst du für jedes Familienmitglied eine Kerze. Natürlich benötigst du auch Streichhölzer und eine feuerfeste Unterlage. Stelle auch Wasser zum Löschen bereit. Achte darauf, dass du dieses Experiment nur mit einem Erwachsenen, also vielleicht mit Mama und Papa gemeinsam machst. Feuer auf eigene Faust zu machen, ist natürlich absolut tabu!

Am Anfang zündet ihr nur die Kerzen von Mama und Papa an. Dann hältst du den Docht deiner Kerze in die brennende Flamme. Was kannst du beobachten? Genau, deine Kerze fängt auch an zu brennen. Und nun stell dir eine Kerze vor, die ich bin. Eine Babyminikerze sozusagen. Wenn du den Docht meiner Kerze in die Flamme hältst, dann fängt auch meine Kerze an zu brennen. Schau nur, wie hell und warm unser Kerzenschein ist. Und immer, wenn eine Kerze dazukommt, wird es noch heller und noch wärmer. Die Liebe wird also nicht weniger, wenn ein Kind dazukommt, sondern mehr! Schau, hier habe ich dir Platz gelassen, damit du deine Kerzenfamilie mit ihren wunderschönen Flammen malen kannst.

Vielleicht kannst du mit Mama und Papa reden und mit ihnen feste Zeiten zum Spielen, Kuscheln oder Toben vereinbaren. Dann hast du beide einmal nur für dich und kannst mit ihnen machen, was du willst.

9. Meine Beine und Arme entwickeln sich

Wann Frauen die ersten zarten Bewegungen des Babys spüren, ist ganz unterschiedlich. Vielleicht wartest auch du schon sehnlichst darauf, die sanfte Kontaktaufnahme wahrzunehmen. Wie intensiv du die Bewegungen spüren wirst, hängt von unterschiedlichen Gegebenheiten ab, zum Beispiel von der Lage der Plazenta, der des Kindes oder der Fruchtwassermenge. Spüre weiterhin aufmerksam und ganz ohne Druck in dich hinein und lasse die Vorfreude auf dieses besondere Ereignis größer werden.

Lieber großer Bruder, liebe große Schwester,

von meinen ersten Bewegungen bekommt selbst Mama gar nichts mit. Dafür bin ich noch viel zu klein. Bevor sie spürt, dass ich mich bewege, muss ich ordentlich wachsen. Erst wenn mein Körper so groß geworden ist, dass ich mit meinen Armen und Beinen Mamas Bauchdecke berühren kann, wird sie etwas von meinen Turnübungen merken. Dann kann es sogar sein, dass auch du meine sanften Tritte spüren kannst, wenn du deine Hand vorsichtig auf Mamas Bauch legst.
Du kannst ja Mama einmal fragen, ob du auch ein kleiner Turner oder eine kleine Turnerin gewesen bist und dich in ihrem Bauch viel bewegt hast. Vielleicht konnte sie sogar deinen Fußabdruck durch die Bauchdecke hindurch sehen. Bis du meine Bewegungen spüren kannst, musst du dich noch ein wenig gedulden.
Wenn ich geboren bin, kann ich schon eine Menge Bewegungen. Nur laufen und Bälle schießen, fangen und Fingerschnipsen kann ich noch nicht. Aber bestimmt wirst du mir helfen, das alles zu lernen. Bis ich es genauso gut kann wie du, werde ich dir einfach bei allem, was du tust, zusehen.

Darauf freue ich mich schon sehr und sende dir einen dicken Kuss aus Mamas Bauch,
dein kleines Geschwisterchen

Du musst wissen, am Anfang hat dein Geschwisterchen noch gar keine Arme und Beine und auch keine Hände, Finger und Zehen.

Überlege doch einmal, was du mit deinen Händen alles machst. Bestimmt kannst du winken, deine Hand zur Faust ballen, vielleicht sogar schon mit den Fingern schnipsen? Und mit deinen Beinen? Ganz wichtig, du läufst mit ihnen, kletterst auf einen Baum, springst über eine Pfütze und schießt sogar einen Ball ins Tor, oder?

Schau dir dann auch einmal ganz genau deine Finger und Zehen an. Wie sehen sie aus, welcher ist am längsten und welcher am dicksten? Hast du vielleicht ein Muttermal auf einer Hand oder etwas anderes, was besonders ist?

Am Anfang sehen Finger und Zehen des Babys noch aus wie kleine Wülste. Man kann auch die einzelnen Finger und Zehen noch gar nicht voneinander unterscheiden. Erst nach und nach bilden sie sich einzeln heraus. Das ist so, als wenn du eine kleine Knetwurst oder den Plätzchenteig hin und her rollst und sie dadurch allmählich länger werden. Auf diese Weise wachsen zum Beispiel Babys Finger, bis schließlich Daumen, Zeigefinger, Mittelfinder, Ringfinger und kleiner Finger entstanden sind.

Stell dir doch einmal selbst Knete her und probier' aus, wie die Finger deines kleinen Geschwisterchens sich allmählich ausbilden. Rolle die Knete dann einfach hin und her, bis kleine Wülste entstanden sind.

Für die Knete brauchst du:

- 20 g Öl
- 250 g warmes Wasser
- 5 g Zitronensäure
(wenn du die Knete länger aufbewahren möchtest; steht bei den Backsachen)
- 100 g Salz
- 200 g Mehl

Gib das Salz, das Mehl und die Zitronensäure in eine Schüssel. Füge nach und nach das Wasser und das Öl hinzu und knete alles, bis eine schöne Masse entstanden ist. Wenn du Lebensmittelfarbe oder auch Glitzer dahast, kannst du die Knete anfärben. Wenn du deine Knete in eine Aufbewahrungsbox im Kühlschrank lagerst, hält sie recht lange!

Wenn sich die Arme und Beine deines Geschwisterchens entwickeln, kann es sie noch gar nicht richtig bewegen. Das dauert eine Weile. Zuerst können sie nur zucken, ohne dass das Baby dafür etwas tun muss. Das kannst du dir so vorstellen, als wenn du zwischen deinem Knie und deinem Unterschenkel auf einen ganz speziellen Punkt ganz leicht schlägst. Dann schnellt dein Bein plötzlich nach oben, ohne dass du es überhaupt bewegen wolltest. Bei dir wird dabei ein Reflex ausgelöst. Genau so ist das mit den ersten Bewegungen deines Geschwisterchens auch.

Zuerst entstehen nämlich an der Stelle, wo später die Ärmchen und Beinchen sind, kleine Ausstülpungen, die wie Blätterknospen an den Bäumen im Frühling aussehen. Aus diesen Knospen entwickeln sich wahre Flossen. Vielleicht bist du schon einmal tauchen gewesen und hast auch Flossen getragen. Dann kannst du dir das besonders gut vorstellen. Mit der Zeit entstehen aus den Flossen kleine Paddel.

Aber wie Arme und Beine sieht das Ganze irgendwie noch nicht aus. Es müssen nämlich auch noch Ellenbogen und Handgelenke hinzukommen. Etwas später entwickeln sich auch Knie und Fußgelenke. Am Ende kommen noch die Finger dazu.

Ganze 54 Knochen müssen wachsen, damit Handgelenke, Hand und Finger komplett sind. Unglaublich viele, oder? Auch deine Hand besteht aus über 50 Knochen. Fühl doch einmal genau nach, vielleicht kannst du sie von außen erspüren.

Weißt du denn auch, wie du bei deinen Händen links von rechts unterscheiden kannst? Falls nicht, dann versuche mal diesen Super-Trick: Spreize deine

Daumen und deinen Zeigefinger ab und schaue, auf welcher Seite der Buchstabe L entsteht. Na klar, das L steht für links, und das ist auch deine linke Seite! Super, oder?

Wir Menschen haben am Anfang übrigens alle Schwimmhäute zwischen unseren Fingern und Zehen. Genauso wie Enten oder Frösche. Schade, dass sie mit der Zeit verschwinden, sonst wären wir vielleicht auch genauso gute Schwimmer!

10. Der Saft meines Lebens – das Blut

Die Plazenta ist ein Organ auf Zeit, das die Versorgung deines Babys sicherstellt. Das Wort hat seinen Ursprung im Griechischen und bedeutet so viel wie »flacher Kuchen«, weshalb die Plazenta wohl auch als Mutterkuchen bezeichnet wird. In der Plazenta steht dein Gefäßsystem eng mit dem deines Babys in Verbindung. Dank der Plazentaschranke, einer hauchdünnen Membran, vermischen sich eure Blutkreisläufe jedoch nicht. Dieser Gewebefilter sorgt also dafür, dass beide Blutkreisläufe unabhängig voneinander arbeiten. So gelangen nur die Stoffe zu deinem Baby, die es auch braucht. Nach der Geburt löst sie sich ab und verlässt wie dein Baby zuvor deinen Körper. Man sagt auch, die Plazenta wird ebenfalls geboren. Mit ihr sind viele Traditionen verbunden. Du kannst zum Beispiel einen Kunst-Abdruck von ihr machen, sie in die Erde legen und einen Baum darauf pflanzen oder sogar einen Smoothie aus ihr herstellen.

Liebe große Schwester, lieber großer Bruder,

bestimmt hast du dich schon einmal verletzt und hattest dann eine kleine Wunde, aus der Blut herausgekommen ist. Vielleicht hast du dann sogar ein Pflaster auf diese Stelle geklebt. Deshalb weißt du auch, dass Blut aussieht wie rote Tinte.
Für deinen Körper ist Blut unverzichtbar.
Auch ich könnte ohne mein Blut nicht leben. In meinem winzigen Körper übernimmt es jetzt schon eine wichtige Aufgabe: Es pumpt das Blut durch meinen Körper und verteilt lebenswichtige Nährstoffe überallhin in jede Zelle hinein, damit ich gut wachsen kann.
Alle Nährstoffe in meinem Blut kommen übrigens von Mama. Essen und trinken kann ich hier in Mamas Bauch ja noch nicht selbst. Deshalb versorgt mich Mama mit Nährstoffen aus ihrer Nahrung. Ihr Blut bringt mir alles, was ich zum Leben brauche.

Nun ruhe ich mich erst einmal wieder aus. Was möchtest du jetzt machen?

Eine dicke Umarmung aus dem Bauch von
deinem Geschwisterchen

PS: Wusstest du, dass Hummer, Krebse und Skorpione blaues Blut haben? Das würde ich zu gerne einmal sehen!

Hast du es schon gemerkt? Manche Menschen können nicht so gut Blut sehen und finden es sogar eklig. Das kann ich so gar nicht verstehen. Blut ist doch faszinierend, denn es ist quasi unser Lebenssaft.

Hole doch einmal eine Taschenlampe und halte sie vor deine Hand. Nun scheint das Licht durch sie hindurch, und du kannst einen rot scheinenden Schimmer erkennen. Genau diese Färbung entsteht durch dein Blut! Wunderbar, oder? Und doch kein bisschen eklig!

Wusstest du, dass du, dein kleines Geschwisterchen und der »rote Planet«, der Mars, gleich zwei Gemeinsamkeiten haben? Du fragst dich jetzt bestimmt, welche das sind.

Dein Blut besteht auch aus Blutplasma. Dieses Plasma ist hauptsächlich aus Wasser und macht das Blut flüssig. Hier liegt die erste Gemeinsamkeit zwischen dir, dem kleinen Baby und dem Planeten Mars, denn wahrscheinlich gibt oder gab es auch hier Wasser oder zumindest Spuren dieser Flüssigkeit, die Leben überhaupt erst möglich macht.

Im Blutplasma schwimmen verschiedene Arten von Blutkörperchen herum, auch die roten Blutkörperchen. Ein wichtiger Bestandteil der roten Blutkörperchen ist das Eisen, ein winzig kleines Teilchen, das Sauerstoff an sich binden kann.

Eigentlich ist Eisen grau, doch es kann seine Farbe verwandeln, wie ein Zauberer. Wenn es Sauerstoff transportiert, färbt es sich nämlich von Grau zu Hellrot. Das Eisen in deinen Blutkörperchen »rostet« also, wie ein altes Fahrrad. Deshalb sieht dein Blut rot aus, genauso wie der Mars, auf dem ganz viel Eisen vorkommt. Und genau in diesem Element liegt die zweite Gemeinsamkeit mit dem Planeten Mars versteckt.

Wenn das Blut den Sauerstoff an die Zellen in deinem Körper abgegeben hat, verlieren die roten Blutkörperchen übrigens ihre rostrote Farbe. Das Blut, das zurückfließt, ist viel dunkler und eher blau als rot.

Nun fragst du dich vielleicht, wo das Blut überhaupt herkommt. Das ist eine sehr wichtige und spannende Frage. Stell dir vor, gerade hat der kleine Körper deines Geschwisterchens angefangen, eigenes Blut herzustellen. Es wird im Knochenmark gebildet, das sich im Inneren der Knochen befindet.

Die roten Blutkörperchen des Babys leben zum Beispiel drei Monate lang, und deshalb stellt sein Körper die ganze Zeit über neues Blut mit neuen Blutkörperchen her. Genau wie bei dir. So haben wir immer genug Blut.

Wusstest du, dass es verschiedene Blutgruppen gibt? Denn die Blutkörperchen haben unterschiedliche Oberflächen. Die meisten Menschen haben eine von vier Blutgruppen. Deshalb kann man die Blutgruppen auch in ein AB0-System einordnen. Das ist eigentlich ganz einfach zu verstehen. Es gibt die Blutgruppe A, B, AB und 0. Du kannst dir das so vorstellen: Bei den Menschen, die zur Blutgruppe A gehören, sitzen kleine Dreiecke auf der Oberfläche des Blutkörperchens. Hat man hingegen die Blutgruppe B, befinden sich kleine Vierecke oben drauf. Bei der Blutgruppe AB ist es eine lustige Mischung, und es gibt beides: Dreiecke und Vierecke. Hat ein Mensch die Blutgruppe 0, so gibt es weder Drei- noch Vierecke auf der Oberfläche des Blutkörperchens. Nun fragst du dich vielleicht, ob es alle Blutgruppen gleich häufig gibt. A und 0 sind sehr häufig, hingegen kommen die Blutgruppen AB und B eher selten vor.

Es gibt auch sogenanntes goldenes Blut. Spannend, oder? Das ist die seltenste Blutgruppe, die es gibt. Man kennt nur 43 Menschen auf der ganzen Welt, die diese Blutgruppe haben. Natürlich ist ihr Blut nicht golden. Es heißt nur so, weil es so selten ist.

Kennst du deine Blutgruppe? Oder die von deiner Mama oder deinem Papa?

Wenn du möchtest, dann kannst du sie hier eintragen:

11. Das größte Organ – die Haut

In der Schwangerschaft verstärkt sich die Hautpigmentierung. Vielleicht ist dir schon aufgefallen, dass deine Leberflecke, Muttermale und auch eventuell dich schmückende Sommersprossen dunkler sind als zuvor. Auch die »schwarze Linie« (lat. *Linea nigra*), die sich aus der »weißen Linie« entwickelt und eine bei jedem Menschen normalerweise nicht sichtbare Bindegewebsnaht in der Mitte des Bauches darstellt, kommt dadurch zustande. Nach der Geburt bildet sich die Linie meist wieder vollständig zurück. Wenn diese zauberhafte Zeichnung bei dir ausgeprägt ist, dann untersuche sie doch einmal mit deinem Kind gemeinsam!

Lieber großer Bruder, liebe große Schwester,

wusstest du, dass die Haut das größte Organ des menschlichen Körpers ist? Sie bedeckt uns von den Zehen bis zum obersten Punkt unseres Kopfes.
Am Anfang war meine Haut ganz faltig und wirkte irgendwie wie ein zu groß geratener Pulli. Aber mittlerweile bin ich schon ein ganzes Stück gewachsen, und so ist auch meine Haut mit der Zeit immer glatter geworden. Sie hat außerdem ihre Farbe gewechselt. Ich bin also eine Art Chamäleon. Zuerst war meine Haut dunkelrot und jetzt ist sie rosa und zart durchscheinend. Wunderschön, findest du nicht?
Wir Menschen können besonders gut mit der Haut an unseren Fingerspitzen fühlen. Wenn du mit deinen Fingerspitzen etwas berührst, erfährst du, ob etwas ganz flauschig weich oder pieksig ist wie ein Kaktus. Probier' das doch einmal aus und streiche mit deinen Fingern über Mamas Bauch. Ist er nicht weich, warm und fest? Oh, diese Berührung fühlt sich wunderbar sanft an! Ich kann sie durch Mamas Bauchdecke auch spüren.
Wenn ich auf der Welt bin, dann kannst du mich so viel streicheln und berühren,

wie du möchtest. Und wenn ich groß genug geworden bin, dann möchte ich dich auch streicheln.

Darauf freue ich mich jetzt schon. Bis ganz bald,
dein Geschwisterchen

PS: Wusstest du, dass eine Hautzelle einen ganzen Monat braucht, um an die Oberfläche zu wandern? Nach einem Monat hast du also eine komplett neue Haut, wie eine Schlange, die sich häutet. Praktisch, oder?

Habt ihr zu Hause eine Creme? Dann wäre es wunderbar, wenn du einmal losläufst und sie holen gehst. Bist du bereit?

Stell dir vor, die zarte Babyhaut ist gerade überall mit einer Art Creme bedeckt. Sie hat einen ganz lustigen Namen: Käseschmiere. Sie riecht aber eigentlich nach gar nichts. Nicht, dass du denkst, dein kleines Geschwisterchen müffelt wie ein alter Stinkekäse!

Die Käseschmiere schützt die Babyhaut besonders gut. Stell dir vor, du würdest tagelang in der Badewanne im Wasser liegen. Das fände deine Haut bestimmt auch nicht so toll. Sie würde schrumpelig und immer schrumpeliger werden. Deshalb ist es für das Baby richtig praktisch, eine eigene Creme zu haben. So ist es vor dem Fruchtwasser ein wenig geschützt, in dem es die ganze Zeit liegt!

Probier' das selbst einmal aus und halte deine Hand unter den Wasserhahn. Anschließend trocknest du sie ab, cremst sie ein und hältst sie noch mal unter den Wasserstrahl. Was kannst du beobachten? Perlt das Wasser ab und bildet kleine Tropfen? Deine Haut ist also durch die Creme vor dem Wasser geschützt, genauso wie bei deinem kleinen Geschwisterchen durch die Käseschmiere.

Das Baby legt sich übrigens gerade kleine Fettpölsterchen unter der Haut zu. Wenn du deinen Kopf ganz nach hinten legst und nach oben blickst und dann einmal an deinem Nacken fühlst, kannst du bestimmt auch kleine Falten spüren, oder? Genau so ist das bei deinem Geschwisterchen auch. Hier legt es sich richtige Pölsterchen aus Fett an, die es nach der Geburt dringend brauchen wird. Denn bis Mama und das Baby sich an das Stillen oder an das Fläschchen gewöhnt haben, dauert es ein paar Tage. Genau dann sind ein paar Reserven sehr nützlich. Unter seiner Haut hat dein Geschwisterchen also eine Art Rucksack, der mit Proviant gefüllt ist für die erste Zeit nach der Geburt. Ganz schön praktisch!

Deine Haut ist ein wahres Wunderorgan, die allerhand leistet. Wenn dir zum Beispiel zu warm ist, dann fängst du an zu schwitzen, stimmt's? Du kannst dir vorstellen, dass du überall auf deiner Haut kleine Duschen sitzen hast. Diese Duschen nennt man auch Schweißdrüsen. Wenn du schwitzt, dann kommt aus diesen winzig kleinen Duschköpfen Flüssigkeit heraus. Dein Schweiß. Deine Haut wird dadurch nass.

Dein Schweiß bleibt aber nicht lange auf deiner Haut. Er verdampft, und das braucht Energie. Dadurch, dass du Energie abgibst, kühlst du ab. Das ist so, als ob du unter einer Dusche stehst und dich mit kaltem Wasser abduschst.

In Mamas Bauch ist es zum Glück nicht zu heiß und auch nicht zu kalt. Das liegt daran, dass das Fruchtwasser immer angenehm warm ist. Praktisch, oder? So muss das Baby auch im Winter nicht frieren, obwohl es ganz nackig ist. Das wäre auch

eine ganz lustige Vorstellung, wenn dein Geschwisterchen im Bauch einen geringelten Wollpulli, Mütze, Schal und Handschuhe tragen würde!

Hast du auf deiner Haut schon mal nach dunklen Flecken gesucht? Sie können ganz unterschiedlicher Größe und Form sein. Man nennt diese Gebilde auf der Haut auch Muttermale oder Leberflecke. Merkwürdige Namen, oder? Muttermal, diesen Begriff gibt es schon seit rund 700 Jahren. Ganz schön lang, was? Leberfleck sagt man auch, weil diese Flecke einen ähnlich braunen Farbton haben wie ein Organ: die Leber. Muttermale oder auch Leberflecke bezeichnen alle Hautzellen, die einen Hautfarbstoff herstellen können. Diesen Farbstoff nennt man Melanin. Stell dir vor, nur jedes hundertste Baby kommt bereits mit einem Muttermal auf die Welt. Die meisten Male entstehen erst, wenn man älter wird.

Hast du an einer bestimmten Stelle deines Körpers ein Muttermal, das dein Markenzeichen ist, dich also unverwechselbar macht, weil nur du an dieser Stelle ein solches Mal hast? Untersuche doch einmal deinen linken Unterarm. Wie viele Muttermale kannst du zählen? Und wenn du die Unterarme von deinen Eltern untersuchst, wie viele kannst du hier entdecken? Wenn du möchtest, kannst du dein Geschwisterchen nach der Geburt ebenfalls auf Muttermale untersuchen.

12. Ich putze meine Zähne von Rot nach Weiß

Bestimmt kennst auch du den Spruch »Jedes Kind kostet einen Zahn«. Ist das ein Ammenmärchen? Forscherinnen und Forscher haben diese Volksweisheit mit Studienergebnissen untermauert, wobei mehrere Gründe für den Zahnverlust herangezogen werden können. Zum Beispiel greift das Erbrechen, unter dem manche Frauen in der Frühschwangerschaft leiden, die Zahnsubstanz an. Kinder zu betreuen ist außerdem zeitintensiv, und das kann dazu führen, dass Frauen ihre Zahnhygiene vernachlässigen. Deshalb ist es umso wichtiger, dass du deine Zähne gut pflegst, reinigst und dir einen Besuch beim Zahnarzt verbindlich in deinen Kalender einträgst. Keine Ausrede möglich, denn einen geschäftlichen Termin würdest du ja schließlich auch nicht absagen!

Liebe große Schwester, lieber großer Bruder,

nun bin ich schon ganze drei Monate in Mamas Bauch, und das ist schon mein zwölfter Brief an dich! Wow! Stell dir vor, heute geht es mir so richtig gut. Wie geht es dir? Ich hoffe doch, dass bei dir auch alles super ist.
Wenn ich auf die Welt komme, werde ich noch keine Zähne haben. Trotzdem sind meine Zähne schon da. Sie sind aber noch unter meinem Zahnfleisch versteckt. Kauen kann ich nach der Geburt also noch nicht. Deshalb werde ich am Anfang ganz viel lutschen.
Eigentlich brauche ich auch noch gar keine Zähne, denn ich werde erst einmal noch kein Brot, keine Cornflakes, keine Apfelschnitze und auch keine Nudeln essen können. Ich trinke bei Mama ganz viel Milch oder bekomme ein Fläschchen. So kann ich geduldig warten, bis meine Zähne wachsen und das Zahnfleisch durchbrechen.
Wenn ich ungefähr sechs Monate alt bin, werden meine ersten Zähne durch mein Zahnfleisch kommen. Vielleicht quengele ich in dieser Zeit viel, weil das schon auch ein bisschen wehtun wird. Aber danach werde ich genau wie du kauen können

und darauf freue ich mich natürlich schon sehr. Denn immer nur Milch trinken ist auf die Dauer langweilig.
Zähne sind schon ein spannendes Thema, findest du nicht auch? Ich freue mich schon so sehr darauf, mit dir zusammen unsere Zähne zu erkunden. Vielleicht können wir dann auch Zahnarzt spielen.
Apropos, deine Zähne müssen gut gepflegt werden. Damit sie nicht krank werden, darfst du sie dreimal am Tag putzen. Ich summe immer gerne das Lied: »Ich putze meine Zähne von Rot nach Weiß.« Kennst du das? Du kannst es auf die Melodie von »Ein Männlein steht im Walde« ganz einfach beim Zähneputzen mitsingen. Deine Zähne putzt du dabei vom Zahnfleisch ausgehend mit kreisenden Bewegungen. Dein Zahnfleisch ist rot, und deine Zähne sind weiß. Deshalb singst du:

Ich putze meine Zähne von Rot nach Weiß
mit einer kleinen Bürste und ganz flink im Kreis.
Morgens, wenn ich früh aufsteh',
abends, wenn zu Bett ich geh',
putz' ich meine Zähne so weiß wie Schnee.

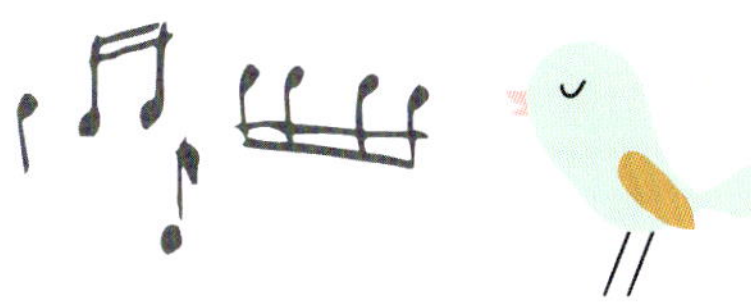

Für heute mache ich Schluss mit dem Schreiben und wünsche dir viel Spaß beim Singen und Putzen. Und vergiss nicht, den Schaum am Ende auszuspucken, denn runterschlucken ist nicht so gut für den Bauch.

Ich sende dir liebe Grüße und eine feste Umarmung aus dem Bauch! Bis bald!
Dein kleines Geschwisterchen

PS: Und eines muss ich dir noch erzählen. An Land hat das Gürteltier am meisten Zähne. Insgesamt 104 Zähne kann man in seinem Gebiss zählen. Und stell dir vor, im Wasser hat ein Delphin sogar ganze 252 Zähne in seinem langen Maul.
Hast du eine Idee, welches Tier die größten und schwersten Zähne hat?
Und welches wohl die gefährlichsten?

Hast du Lust, deine Zähne ein wenig anzumalen? Natürlich nicht in echt, sondern nur auf Papier. Hier gibt es ein kleines Ausmalbild von deinen Zähnen für dich!

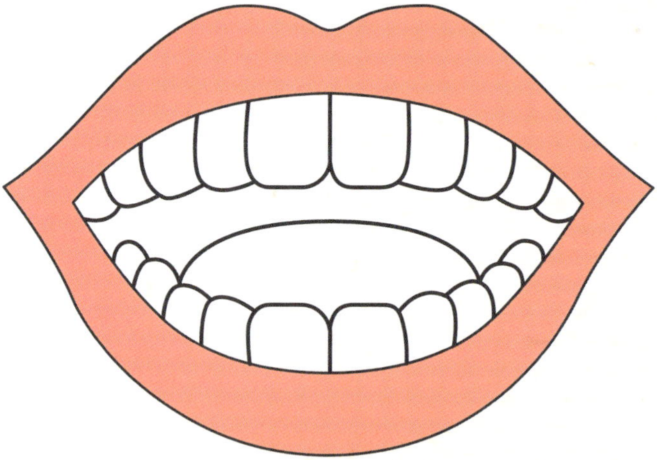

Möchtest du heute auf eine ganz besondere Entdeckungsreise gehen? Dafür brauchst du einen kleinen Spiegel, damit du deinen Mund und deine Zähne erkunden kannst. Sie sind faszinierend, und du hast einen Ober- und einen Unterkiefer, in dem deine Zähne eingebettet sind.

Deine ersten Zähne heißen Milchzähne, weil sie eine weiß-milchige Farbe haben. Obwohl sie so schön hell sind und eigentlich aussehen wie Knochen, sind sie keine. Sie bestehen nicht aus Knochengewebe, sondern aus »Zahnbein«.

Das Zahnbein ist überzogen von Zahnschmelz. Stell dir vor, das ist das härteste Material in deinem gesamten Körper. Ohne diese Schutzhülle könnten deine Zähne nicht so kraftvoll deine Nahrung zerkleinern. Genau, Zähne helfen dir nicht nur beim Sprechen, sondern sie schneiden, kauen und mahlen deine Nahrung in kleine Stücke, damit du sie leichter schlucken und verdauen kannst.

Du möchtest nun noch mehr über die verschiedenen Zähne wissen? Dann schau doch mal mithilfe des kleinen Spiegels in Mamas oder deinen Mund hinein. Ganz vorne sitzen die scharfen Schneidezähne und beißen vom Essen mundgerechte Stücke ab. Danach kommen die spitzen Eckzähne. Sie halten die Nahrung beim Abbeißen fest und sind beim Abreißen richtig gute Helfer.

Vielleicht kannst du dahinter die Vorbackenzähne entdecken. Sie haben nur zwei Höcker und breite Kronen, damit sie die Nahrung kauen und zerkleinern können. Im Mund von Mama ganz hinten sitzen Zähne mit noch breiteren Kronen und vier Höckern. Das sind die Backenzähne, die dabei helfen, die Nahrung kraftvoll zu zermahlen.

Erwachsene haben manchmal dahinter noch mal einen Zahn, den sogenannten Weisheitszahn. Kannst du ihn in Mamas Mund entdecken? Vielleicht hat sie auch keine mehr, weil sie ihr beim Zahnarzt rausgenommen wurden. Frag sie doch einfach mal.

Du musst wissen, dass Menschen zweimal im Leben Zähne bekommen. Mama hat bereits 32 endgültige Zähne, das bedeutet, dass sie nicht mehr ausfallen. In deinem Mund stehen erst zwanzig Milchzähne. Wenn du ungefähr sechs Jahre alt bist, dann fallen zuerst die Schneidezähne und später auch deine anderen Zähne aus. Dann hast du eine lustige Zahnlücke und kannst ganz wunderbar pfeifen. Von unten wächst schnell dein endgültiger Zahn nach.

Dass die Milchzähne ausfallen, ist sehr praktisch, denn sie sind viel kleiner als deine zweiten Zähne. Stell dir doch mal vor, ich hätte schon so große Zähne wie ein Erwachsener. Damit würde ich ziemlich lustig aussehen. Deshalb sitzen bei uns Kindern die kleinen Milchzähne dicht nebeneinander. Wenn wir wachsen, dann wächst auch unser Kiefer mit, und zwischen den Milchzähnen entstehen Zahnlücken, die immer größer werden. Menschen mit großen Kiefern brauchen auch größere Zähne, ganz klar. Die kleinen Milchzähne machen durchs Ausfallen Platz für die großen Zähne, die Erwachsene haben. Vielleicht sind dir sogar schon Milchzähne ausgefallen? Hast du sie aufgehoben? Dann hol sie doch einmal und betrachte sie mit Mama und Papa genauer.

13. Hör mal, wer da spricht!

Über den Hörsinn könnt ihr als Familie schon früh eine enge Verbindung mit dem Baby aufbauen. Die eigene Stimme als Instrument zu benutzen und zu singen, ist wunderschön, und das gleich auf zweierlei Weise. Singen hat eine positive Wirkung auf deine Stimmung, wirkt aber auch beruhigend auf dein Baby.

Wenn du regelmäßig das gleiche Lied singst, dann nimmt das Baby deine positive Stimmung dabei wahr und erkennt nach der Geburt die Melodie wieder. Ein perfektes Beruhigungsmittel! Zudem macht Singen bestimmt auch dem großen Geschwisterkind Freude.

Lieber großer Bruder, liebe große Schwester,

unsere Mama liest dir gerade mit ihrer Stimme meinen Brief vor. Du kannst sie hören und verstehen. Auch ich lausche schon neugierig euren Stimmen hier im Bauch und werde sie nach der Geburt wiedererkennen.

Wenn ich geboren werde, dann kann auch ich meine Stimme sofort ausprobieren. Darauf bin ich schon sehr gespannt! Praktisch ist, dass ich nicht erst lernen muss, meine Stimme zu benutzen. Das ist anders als beim Laufen, denn ich kann es von Anfang an. Wenn ich weine und schreie, mache ich sogar schon ordentlich laute Töne. Bald kann ich auch glucksen, gurgeln und lachen. Meine ersten Worte lerne ich erst später. Aber das macht ja nichts, wir werden uns auch so verstehen.

Ich freue mich schon so sehr darauf, wenn wir später zusammen mit unseren Stimmen Quatsch machen können. Vielleicht zeigst du mir die unterschiedlichsten Laute mit deiner Stimme einmal, und ich versuche, sie nachzumachen. Oder wir singen zusammen ein Liedchen. Uns wird bestimmt etwas Tolles einfallen, was meinst du?

Ganz liebe Grüße und einen dicken Kuss aus Mamas Bauch,
dein Geschwisterchen

Mit deiner Stimme kannst du toll experimentieren und zum Beispiel hohe und tiefe Töne erzeugen. Probier' doch einmal mit Mama und Papa aus, wie es ist, so tief zu brummen wie ein Bär. Und nun versucht gemeinsam, so hoch zu summen wie eine Mücke. Und wie mag wohl eine Kuh klingen, die sich die Nase zuhält? Das hört sich richtig lustig an. Einfach wunderbar, was unsere Stimmen alles können.

Übrigens könntest du einige Töne ohne deine Zunge gar nicht aussprechen. Sag doch einmal »t«. Wenn du deine Zunge beim Sprechen genau beobachtest, dann wandert die Zungenspitze an deine oberen Schneidezähne, oder? Übe das doch einfach einmal mit unterschiedlichen Buchstaben und sei ein Zungen-Stimmforscher oder eine Zungen-Stimmforscherin!

Hast du dich schon einmal gefragt, wo der Ton deiner Stimme überhaupt herkommt? Zum Sprechen, Singen und auch Schreien brauchst du die Luft aus deinen Lungen und noch einen kleinen, geheimen Körperteil. Dieser befindet sich am Eingang deiner Luftröhre und heißt Kehlkopf. Vielleicht möchtest du bei Mama oder Papa am Hals einmal tasten, denn der Kehlkopf ist ziemlich hart und du kannst ihn von außen ganz vorsichtig erfühlen.

Was genau muss aber jetzt in deinem Kehlkopf passieren, damit ein Ton herauskommt? Dazu brauchst du die beiden Stimmbänder in deinem Kehlkopf. Sie verschließen die Luftröhre bis auf einen Spalt, den man Stimmritze nennt.

Der Ton beim Sprechen entsteht, wenn die Stimmbänder angespannt werden. Dann verengt sich auch die Stimmritze. Kommt die Luft beim Ausatmen an den gespannten Stimmbändern vorbei, werden sie in Bewegung gesetzt und beginnen zu schwingen. Ein Ton entsteht. Die Schwingungen kannst du bei Mama und

bei dir fühlen. Wenn du redest, spürst du unter deinen Fingern eine Art Zittern an deinem Kehlkopf. Das kommt von deinen schwingenden Stimmbändern. Großartig, oder? Du kannst dir das wie bei einem Luftballon vorstellen: Wenn du ihn aufpustest und dann die Öffnung so zuhältst, dass nur noch ein winziger Spalt da ist, und du anschließend die Luft aus dem Luftballon herauslässt, dann entsteht auch ein Ton. Genau wie durch deine Stimmbänder in deinem Kehlkopf.

Aber nicht immer, wenn du ausatmest, entsteht ein Ton, oder? Wenn deine Stimmbänder entspannt sind und die Stimmritze breit ist, kann die Atemluft gut hindurchfließen. Dann kann auch kein Ton entstehen. Ob die Stimmbänder angespannt oder entspannt sind, wird von Muskeln gesteuert. Das passiert ganz automatisch, du musst gar nicht darüber nachdenken.

Vielleicht hast du dich auch schon einmal gefragt, warum Papa eine so viel tiefere Stimme hat als Mama. Hast du eine Idee? Stell dir doch einmal die Saiten einer Gitarre vor. Die dicken Saiten klingen viel tiefer als die dünnen, nicht wahr? So ist es bei Papa auch. Seine Stimmbänder sind viel dicker als Mamas und klingen deshalb auch tiefer.

Außerdem hat Papa einen viel größeren Brustkorb. Wenn du dir einen großen Kontrabass vorstellst, klingt dieser auch viel, viel tiefer als zum Beispiel eine kleine Geige. Und es gibt sogar noch einen Unterschied: Papas Kehlkopf ist viel größer als Mamas. Du kannst ihn auch wunderbar sehen. Auch deshalb klingt seine Stimme tiefer.

Zum Schluss noch ein kleines Rätsel

Stell dir vor, der Kehlkopf deines Geschwisterchens ist nun schon da und auch seine Stimmbänder bilden sich ganz allmählich heraus. Aber leider kann das Baby in Mamas Bauch noch gar keine Töne von sich geben.
Denn eine wichtige Sache fehlt noch. Weißt du, welche? Genau, die Luft. Das Ungeborene atmet noch nicht selbst und kann deshalb seine Stimmbänder noch nicht zum Schwingen bringen.

14. Ich muss auch schon Pipi!

Willkommen im zweiten Trimester deiner Schwangerschaft, dem Wohlfühltrimester. Dein Körper hat sich allmählich an die gravierenden Umstellungen der Schwangerschaft gewöhnt. Du fühlst dich wahrscheinlich wunderschön schwanger und bist in deiner Kraft. Auch wenn sich die Folgeschwangerschaft von der vorherigen unterscheidet, da du bereits ein Kind hast, für das du sorgst, kannst du ganz beruhigt und im Vertrauen sein, denn dein Baby entwickelt sich prächtig. Auch routinemäßige Untersuchungen bei deiner Schwangerschaftsvorsorge, wie zum Beispiel deines Urins, gehören dazu und geben dir vielleicht zusätzlich ein gutes Gefühl. Der Urin wird auf Eiweiß, Glukose oder auch Bakterien getestet. Erkrankungen können frühzeitig erkannt und behandelt werden.

Liebe große Schwester, lieber großer Bruder,

vielleicht hast du dich schon gefragt, ob ich hier in Mamas Bauch auch Pipi und Kacka mache. Das ist ein ganz spannendes Thema, und ich habe große Lust, dir heute etwas darüber zu erzählen.

Kacka kommt noch keins aus mir heraus, ich esse ja noch nichts Festes. Aber Pipi mache ich schon! Ich trinke nämlich fleißig Fruchtwasser aus Mamas Bauch, um das Schlucken zu üben. Und ein Teil des Fruchtwassers verlässt meinen Körper wieder, wenn ich pinkele. Mein Pipi gebe ich also in das Fruchtwasser um mich herum ab. Aber du musst dir keine Sorgen machen, denn das Fruchtwasser wird ständig erneuert. Das kannst du dir so wie in der Badewanne vorstellen. Dort lässt du das schmutzige Badewasser ab und füllst neues, sauberes Wasser aus dem Hahn nach. Genauso ist das hier in Mamas Bauch auch.

Ich habe es immer schön sauber um mich herum und schwimme nicht in meinem eigenen Pipi. Das wäre ja auch eine eklige Vorstellung.

Wenn ich auf der Welt bin, dann brauche ich wahrscheinlich erst einmal eine

Windel, denn ich weiß noch nicht, wie das mit der Toilette funktioniert. Vielleicht kannst du Mama dann beim Wickeln helfen oder es einmal selber versuchen. Ich kann aber auch abgehalten werden. Das bedeutet, dass ich über eine kleine Schale gehalten werde und mein Pipi und Kacka darin aufgefangen wird. Ich mache mich nämlich schon von Anfang an bemerkbar, wenn ich mal muss. Und soll ich dir etwas verraten? Ich pinkele sowieso am liebsten, wenn ich nichts anhabe, einfach drauflos. Daran erfreue ich mich nun ein Weilchen und verabschiede mich für heute von dir!

Viele, viele Grüße aus dem Bauch und bis zum nächsten Mal,
dein Geschwisterchen

PS: Hast du gewusst, dass wenn du erwachsen bist, dein Körper ungefähr 1,5 Liter Pipi am Tag herstellt? Du könntest also eine große Wasserflasche damit füllen. Aber trinken würde ich es lieber nicht. Igittigitt.

Welche Worte fallen dir zu Pipi und Kacka ein? Ich habe dir einmal ein bisschen Platz gelassen, dann könnt ihr deine ganzen Worte einmal hier aufschreiben.

Eine wirklich lustige Sammlung ist da herausgekommen!

Aber wie genau entsteht eigentlich Pipi und Kacka? Du musst wissen, dass dein Körper nicht alles, was du durch deine Nahrung aufnimmst, braucht. Genau genommen ist es sogar eine ganze Menge, was aus deinem Körper irgendwie wieder herausmuss. Deine Nahrung landet nach einer langen Wanderung durch deinen Körper erst im Magen und dann im Darm.

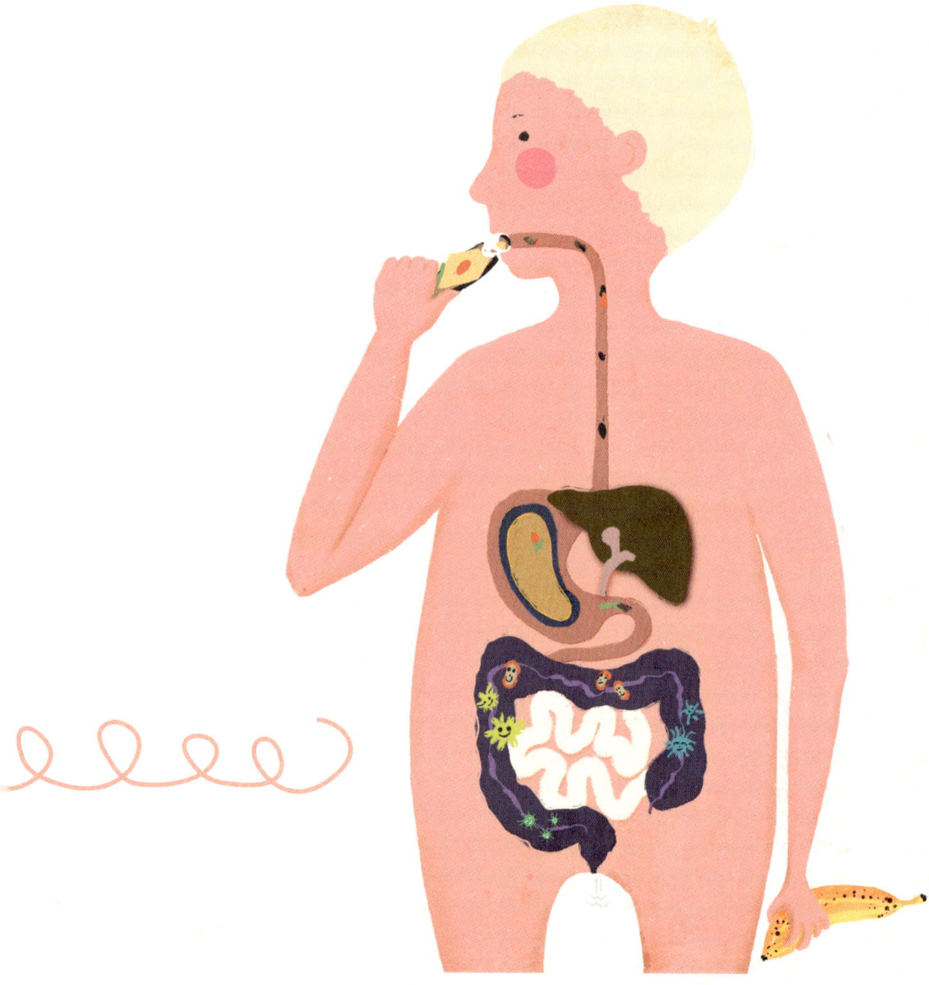

Deinen Darm kannst du dir als einen langen Schlauch vorstellen, in dem das Essen noch einmal zerkleinert wird. Alle Nährstoffe, die dein Körper verwenden kann, wandern anschließend aus dem Darm heraus. Sie werden genau zu den Körperstellen transportiert, an denen sie gebraucht werden.

Der ganze Rest, zum Beispiel unverdauliche Teile der Nahrung, Wasser, abgestorbene Zellen und auch Schleim werden von deinem Darm zu einer braunen Masse zusammengemengt. Diese Masse kann flüssig, aber auch fest sein und wird immer weiter durch den Darm geschoben, bis sie schließlich aus deinem Popoloch herauskommt. Puh, und das kann manchmal ganz schön stinken, oder?

Auch das Baby hat schon einen Magen und einen Darm. Richtiges Kacka kann aber noch gar nicht entstehen, denn in Mamas Bauch gibt es noch gar keine feste Nahrung. Aber wie du weißt, schluckt das Baby schon immer mal wieder Fruchtwasser. Damit gelangen die unterschiedlichsten Sachen in seinen Darm: Lanugohaare, Käseschmiere, Fruchtwasserreste, aber auch abgestorbene Zellen.

Alle diese Dinge im Babydarm werden über eine längere Zeit zu einer schwarzen zähen Masse zusammengedrückt. Aber das heißt dann nicht wie bei dir Häufchen, Kacka, Wurst oder Aa, sondern Kindspech. Hier im Bauch bleibt das Kindspech noch im Darm deines Geschwisterchens. Aber wenn es auf der Welt ist, dann wird das erste und auch das zweite Mal, wenn es Kacka macht, ganz komisch riechen und aussehen.

Hast du dich überhaupt schon einmal gefragt, warum dein Pipi immer gelb ist? Egal, ob du braunen Kakao oder roten Traubensaft trinkst, immer ist dein Pipi gelb. Das liegt daran, dass das, was du trinkst, auch durch deinen Darm hindurchwandert. Hier wird der Saft oder der Kakao in viele kleine Teile zerlegt und verliert dadurch seine Farbe. Alles, was dein Körper nicht braucht, sammelt sich dann in deiner Niere. Hier kommen auch Reste deiner abgestorbenen roten Blutkörperchen dazu. Und genau diese Reste haben eine gelbe Farbe und färben auch dein Pipi gelb. Du kannst ja selber einmal nachsehen, wenn du wieder auf die Toilette gehst.

15. Ein detektivisches Markenzeichen – der Fingerabdruck

Das erste Mal kam der Fingerabdruck 1858 zum Einsatz. Die Einzigartigkeit des Abdrucks verlieh damals Verträgen Gültigkeit. Es dauerte dann noch eine Weile, bis der Fingerabdruck allgemein zur Identifizierung von Personen eingesetzt wurde. Jeder Mensch hat sein Leben lang unveränderliche Fingerabdrücke, und auch du kannst nach der Geburt einen Fingerabdruck deines Babys anfertigen. Er kann als wunderbares Erinnerungsstück dienen.

Lieber großer Bruder, liebe große Schwester,

hast du Lust, heute mit mir auf Spurensuche an deinen Fingern zu gehen? Betrachte deine Fingerkuppen einmal ganz genau. Wenn du sie untersuchst, was kannst du sehen? Striche? Sind die gerade oder gebogen? Entdeckst du vielleicht sogar Schleifen?
Das, was du an deinem Finger siehst, sind deine Fingerabdrücke. Fingerabdrücke sind eine ziemlich spannende Sache, denn stell dir vor, deinen Fingerabdruck gibt es nur ein einziges Mal auf der ganzen Welt.
Schau dir auch Mamas oder Papas Fingerabdruck an. Kannst du Unterschiede entdecken? Genau diese Unterschiede machen deinen und auch Mamas und Papas Fingerabdruck zu einzigartigen Mustern.
Denke dir, auch ich habe an meinen Fingern schon solche Rillen. Es dauert nicht mehr lange, dann entsteht ein unverwechselbarer Fingerabdruck. Wenn ich auf der Welt bin, können wir unsere Fingerabdrücke gern gemeinsam betrachten und nach Unterschieden suchen.

Ganz liebe Grüße aus dem Bauch und einen dicken Kuss von
deinem Geschwisterchen

PS: Wusstest du, dass auch Koalas einen Fingerabdruck haben, der deinem sehr ähnlich ist? Hingegen haben Hunde leider keine unverwechselbaren Rillen. Einen Fingerabdruck kann man von ihren Tatzen also leider nicht machen. Dafür aber einen Nasenabdruck, denn jeder Hund hat ein einzigartiges Nasenmuster. Wenn du das nächste Mal einen Hund siehst, den du kennst, dann kannst du dir die Spürnase einmal ganz genau ansehen.

Möchtest du einmal mit Tinte einen Abdruck von deinem Finger machen? Dafür brauchst du ein Stempelkissen, Fingermal- oder auch Wasserfarbe. Wenn du alles besorgt hast, dann kann es losgehen.

Dafür habe ich dir extra auf der Seite ganz viel Platz gelassen. Daneben können Mama und Papa gerne ihren Fingerabdruck machen. Und wenn ich dann auf der Welt bin, dann passt meiner bestimmt auch noch daneben, oder? Darauf freue ich mich schon sehr, wenn dann alle Fingerabdrücke von unserer Familie auf dieser Seite sind.

Wie wäre es, wenn du dir mit Mama ein paar Tiere ausdenkst, die ihr aus euren Fingerabdrücken machen könnt? Vielleicht einen Löwen oder einen Vogel? Oder ihr überlegt euch etwas ganz anderes. Hier ist ausreichend Platz für eine ganz bunte Fingerabdruckseite, die ihr zusammen gestalten könnt.

Sobald du etwas mit deinen Fingern anfasst, hinterlässt du auch immer deinen Fingerabdruck: ob auf deinem Becher, deiner Zahnbürste, deinem Stift, deinem Buch oder auch auf deinem Fahrradlenker. Egal, was du berührst, hinterher ist ein Abdruck deiner Rillen zu erkennen.

Vielleicht möchtest du später einmal bei der Polizei arbeiten. Hier spielen Fingerabdrücke eine ganz besondere Rolle. Hast du eine Idee, wann? Wenn du als Polizist oder Polizistin auf Räuberjagd gehst, kannst du dort, wo zum Beispiel etwas geklaut wurde, mit etwas Glück auch die Fingerabdrücke der Person entdecken. Wenn du dann ein Foto von diesem Fingerabdruck machst, kannst du in dem Computer der Polizei nach genau diesem Fingerabdruck suchen. Und mit noch ein bisschen Glück kannst du so den Räuber ausfindig machen. Toll, oder?

Hast du Zwillinge als Freunde? Eineiige Zwillinge sehen sich zum Verwechseln ähnlich. Sie haben die gleiche Haarfarbe, die gleiche Augenfarbe, ja sogar die gleiche Größe. Was glaubst du, haben sie auch den gleichen Fingerabdruck? Eine spannende Frage. Auf dem Papier sehen sich die Fingerabdrücke von Zwillingen zum Verwechseln ähnlich. Aber wenn du mit einer Lupe genauer hinschaust, kannst du viele Unterschiede erkennen. Obwohl sich Zwillinge so ähnlich sind, haben sie doch einzigartige Fingerabdrücke.

17. Ein lebenswichtiges Element – Wasser

In der Schwangerschaft nimmt das Blutvolumen (vor allem das Plasma) drastisch zu. Auch weil dein Baby Wasser als Transportmittel und für seinen Kreislauf benötigt, ist es besonders wichtig, dass du ausreichend Flüssigkeit zu dir nimmst. Deinen erhöhten Bedarf deckst du am besten mit Wasser. Hast du vor der Schwangerschaft viel Kaffee oder Schwarztee konsumiert, kannst du die eine oder andere Tasse durch Kräuter- und Früchtetees ersetzen. Abwechslungsreiche Getränke ohne viel Zucker schmecken bestimmt auch dem großen Geschwisterkind! Und mit Eiswürfeln und plastikfreien Strohhalmen lassen sie sich schnell in leckeren Eistee verwandeln.

Lieber großer Bruder, liebe große Schwester,

im letzten Brief habe ich dir von der Nabelschnur erzählt, der perfekten Verbindung zwischen Mama und mir. Über die Nabelschnur gelangt auch ein lebenswichtiges Element zu mir. Hast du eine Idee, welches das sein könnte? Genau, Wasser. Ohne Wasser kann es nämlich kein Leben geben. Auch ich brauche eine ganze Menge davon.

Ich schlucke auch schon das ein oder andere Mal Fruchtwasser. Das ist für mich so, als ob ich trinke. Aber dadurch kann ich nicht genügend Wasser aufnehmen und eigentlich trainiere ich damit auch eher das Schlucken. Deshalb versorgt mich Mama über die Nabelschnur mit ausreichend Wasser.

Mama isst und trinkt gerade auch für zwei. Denn sie gibt mir von ihrem Wasser eine Menge ab. Als du in Mamas Bauch gewesen bist, war das auch so. Jetzt trinkst und isst du schon selber und versorgst deinen Körper alleine sehr gut.

Auch ich werde das langsam lernen, sicher auch mit deiner Hilfe.

Oh, wie gespannt und aufgeregt ich schon bin.

Bis dahin sende ich dir die liebsten Grüße aus dem Bauch!
Dein Geschwisterchen

PS: Ein beeindruckender Wasserspeicher ist das Kamel. Klar, denn in der Wüste gibt es nur sehr wenig Wasser. Deshalb können diese Überlebenskünstler extreme Durststrecken ohne Probleme überstehen. Sie kommen bis zu drei Wochen ohne Wasser aus. Wenn das Kamel Durst hat und Wasser zur Verfügung steht, kann es in nur 15 Minuten 200 Liter Wasser trinken.

Wie wäre es, wenn du in eurer Wohnung oder in eurem Haus einmal auf Wasserentdeckungstour gehst? Wo gibt es überhaupt überall Wasser? Wer braucht es noch, um leben zu können? Später, wenn dein Geschwisterchen auf der Welt ist, bist du dann schon ein richtiger Wasserexperte oder eine Wasserexpertin und kannst ihm alles zeigen und beibringen. Damit du auch später alles noch weißt, könnt ihr hier aufschreiben, wo du überall Wasser gefunden hast.

Stell dir vor, dein Körper besteht zu mehr als der Hälfte aus Wasser. Wenn dein Geschwisterchen auf die Welt kommt, dann ist es bei ihm sogar noch mehr. Du musst wissen, dass die Wassermenge, je älter du wirst, in deinem Körper immer weniger wird. Alte Menschen haben wesentlich weniger Wasser im Körper als Babys oder kleine Kinder. Und genau deshalb haben ältere Menschen auch so viele Falten, da die Haut dann Wasser verloren hat und nicht mehr straff gespannt ist.

Wozu braucht unser Körper eigentlich so viel Wasser? Das ist eine richtig gute Frage. Du musst wissen, dass Wasser für viele lebensnotwendige Vorgänge eine wichtige Rolle spielt. Zum Beispiel ist es ein sehr gutes Transportmittel. Wasser bringt Nährstoffe zu deinen Zellen und nimmt von hier Abfallstoffe wieder mit, die deine Zellen nicht mehr brauchen.

Diese Abfallstoffe gelangen dann durch dein Pipi und dein Kacka aus dem Körper heraus. Hier ist wieder viel Wasser im Spiel. Aber auch deine Organe, wie dein Herz oder deine Lunge, deine Muskeln oder dein Blut und selbst deine Knochen und dein Gehirn – alles im Körper braucht Wasser, damit er funktioniert.

Wasser ist aber auch wichtig, um deine Körpertemperatur zu regulieren. Wenn du zum Bespiel ganz viel rennst, dann erwärmt sich dein Körper durch die Bewegung. Damit er sich wieder abkühlen kann, fängst du an zu schwitzen. Dein Schweiß ist sozusagen Wasser, das deinen Körper über winzige Poren verlässt und ihn damit abkühlt.

Auch beim Ausatmen verlässt eine ganze Menge Wasser deinen Körper, obwohl du das nicht direkt siehst. Das liegt daran, dass das Wasser in deiner Atemluft nicht flüssig ist. Dann würde dir ja Wasser aus der Nase tropfen, was ziemlich lustig wäre. Nein, Wasser kann nämlich nicht nur flüssig sein, es kann auch zu Dampf werden.

Vielleicht hast du schon einmal Nudeln gekocht. Dafür erwärmst du in einem Topf Wasser. Wenn es richtig heiß geworden ist, fängt es an zu dampfen. Dieser Wasserdampf besteht aus vielen Wasserteilchen, die durch die Wärme wahnsinnig schnell werden. Sie wollen nicht mehr bei den anderen, flüssigen Wasserteilchen bleiben, sondern flitzen in der Luft herum.

Genauso ist es, wenn du ausatmest. Vielleicht hast du den Wasserdampf sogar schon einmal gesehen. Wenn es nämlich im Winter draußen ganz kalt ist und du deine Atemluft durch deinen Mund auspustest, dann raucht es, stimmt's? Genau dann kannst du nämlich die Wasserteilchen sehen, die deinen Körper beim Ausatmen verlassen.

Damit dein Körper gut versorgt ist, musst du eine ganze Menge Wasser aufnehmen. Du trinkst oder isst. Wenn du zum Beispiel gerne ein Eis schleckst, nimmst du gleichzeitig ganz viel Wasser auf, denn Eis enthält über die Hälfte Wasser. Eine Gurke besteht sogar fast nur aus Wasser. Selbst in dem Brot, das du isst, steckt Wasser drin. Und wenn du einen Becher Wasser oder Apfelsaftschorle trinkst, dann nimmst du erst recht Wasser auf.

Ganz schön viel Wasser wird in deinem Körper an den unterschiedlichsten Stellen gebraucht und verbraucht. Du benötigst aber auch für die Körperhygiene, also zum Waschen, eine ordentliche Menge Wasser. Stell dir einmal eine Ein-Liter-Wasserflasche vor. Brauchst du zehn, 140 oder 300 Flaschen, damit du gemütlich baden kannst? Bei zehn Flaschen würdest du wahrscheinlich schnell feststellen, dass es viel zu wenig ist, bei 300 Flaschen würde die Badewanne allerdings schon fast überlaufen und das Bad überschwemmen. 140 Liter sind zwar ziemlich viel, denn du müsstest 140 Flaschen füllen und wieder ausleeren, aber dafür könntest du richtig gemütlich baden.

18. Locken oder glatte Haare? Lang oder kurz? Heute wird's haarig!

Der ganze Körper deines Babys ist jetzt gerade von einem besonderen Wollhaar bedeckt. Diese sogenannten Lanugohaare sind ein genetisches Überbleibsel und auf unsere Abstammung vom Affen zurückzuführen. Lanugo leitet sich aus dem Lateinischen *lana* ab und bedeutet so viel wie Wolle.

Das Wollhaar ist sehr wichtig, denn es schützt den kleinen Körper vor der Feuchtigkeit des Fruchtwassers. Zudem bietet es eine gute Wärmeisolierung, Schutz vor Vibration, Schall und Druck. Noch vor der Geburt verliert das Baby seine Lanugohaare wieder.

Liebe große Schwester, lieber großer Bruder,

heute wird es in meinem Brief an dich ganz schön haarig zugehen.
Wenn du deinen oder auch Mamas Körper betrachtest, dann kannst du entdecken, dass überall auf der Haut kleine Haare wachsen. Stell dir einmal vor, wenn du groß bist, dann ist dein gesamter Körper von ungefähr fünf Millionen Haaren bedeckt, fast genauso viele wie bei einem Gorilla. Ist das nicht unglaublich?
Nur sind sie nicht immer so lang und dicht, das kannst du zum Beispiel auf deinen Armen sehen.
Mir wachsen übrigens gerade am ganzen Körper besonders weiche Haare, damit ich gut gepolstert in Mamas Bauch größer werden kann. Noch bevor ich auf die Welt komme, verliere ich diese Haare aber wieder.
Allerdings wächst auch mein Kopfhaar schon ganz fleißig. Ich freue mich schon so sehr darauf, wenn du über meinen Kopf streicheln und mein Haar berühren kannst. Denn ich weiß jetzt schon, dass ich das sehr genießen werde.
Vielleicht können wir dann auch gemeinsam einmal Haare waschen, unsere

Haare kämmen und föhnen und Friseur spielen. Nur an den Haaren ziehen wäre nicht so schön, denn das tut ziemlich weh!

Die liebsten Grüße aus Mamas Bauch und bis ganz bald!
Dein Geschwisterchen

PS: Wie lang sind deine Haare, und hast du eine Idee, wie lang das längste Haar der Welt ist? Eine Frau aus China hat ihre Haare über dreißig Jahre lang wachsen lassen. Das längste Haar von ihr brachte es auf 5,82 Meter! Stell dir vor, wie viel Zeit sie zum Haarewaschen und -trocknen braucht!

Wie die Haare von deinem Geschwisterchen aussehen, wird ganz spannend werden! Manche Babys kommen nur mit sehr wenigen Kopfhaaren auf die Welt. Andere wiederum haben eine prachtvolle Mähne. Frag doch einfach mal Mama, ob du Haare hattest, als du auf die Welt gekommen bist, oder ob du ein wenig kahl auf dem Kopf warst.

Haare können ganz schön unterschiedlich aussehen, oder? Welche Haarfarbe haben zum Beispiel deine Haare jetzt, und hat Mama die gleiche Haarfarbe wie du? Wie sehen deine Haare aus? Sind sie glatt, gewellt oder gelockt? Denk doch einmal an deine Freunde. Wie sehen deren Haare aus?

Die häufigste Haarfarbe der Welt ist übrigens schwarz. Rote Haare haben dagegen nur sehr wenige Menschen. Genauso ist das mit Locken, denn richtig lockiges Haar ist sehr selten, hingegen haben viele Menschen ganz glattes Haar.

Male dich, Mama und Papa und deine Freunde einmal mit ihren ganz unterschiedlichen Frisuren. Und vergiss dabei auch das Geschwisterchen nicht!

Wie sieht es eigentlich mit den anderen Haaren auf deinem Körper aus, die nicht auf deinem Kopf wachsen?

Stell dir doch einmal vor, die Haare an deinen Armen und Beinen oder auch deine Wimpern oder Augenbrauen würden so lang werden wie die auf deinem Kopf. Dann könntest du dir an deinen Beinen einen Zopf flechten oder dir vom Friseur Locken in die Augenbrauen drehen lassen. Du würdest ganz schön komisch aussehen!

Aber keine Angst, nur die Haare auf deinem Kopf können so lang werden. Das liegt daran, dass sie länger leben und dadurch auch mehr Zeit zum Wachsen haben. Ein Kopfhaar von dir kann ungefähr sechs Jahre alt werden und bis zu 15 Zentimeter pro Jahr wachsen. Ein Haar in deinen Augenbrauen lebt hingegen vier Monate, ein Haar auf deinem Bein sogar nur zwei Monate. Diese Haare wachsen also ein bis zwei Zentimeter und fallen dann einfach aus. Du musst sie vom Friseur nicht schneiden lassen.

Doch alle Haare haben auch eine Gemeinsamkeit. Sie wachsen nämlich in langen, dünnen Hauttaschen, den sogenannten Follikeln. In diesen Hauttaschen steckt der lebende Teil der Haare. Das, was du von deinen Haaren sehen kannst, besteht nämlich aus toten Zellen.

Und noch was: Untersuch doch einmal ganz genau deine Fußsohlen und deine Handflächen. Kannst du hier Haare entdecken? Nein! Diese beiden Stellen deines Körpers sind völlig haarlos!

19. Weich oder hart – der Tastsinn

Körperkontakt ist fundamental wichtig. Sanfte, streichelnde und langsam ausgeführte Berührungen haben eine positive Wirkung. Die Haut enthält Millionen von Rezeptoren, die diese Empfindungen über spezielle Nervenbahnen an das Gehirn weitergeben. Einmal aktiviert, sorgen sie dafür, dass unser Glückshormon Oxytocin ausgeschüttet wird. Aber auch Endorphine, die körpereigenen Opiate, stehen mit dem Berührtwerden in Zusammenhang. Deshalb ist es so wertvoll, dass du deinem großen Kind, aber auch deinem Baby im Bauch Streicheleinheiten schenkst. Überhäufe sie damit, bis sie vor Glück und Zufriedenheit leuchten!

Übrigens ist Oxytocin auch das Hormon, das für die Geburt und die Kontraktionen deiner Gebärmutter benötigt wird. Die Endorphine sorgen wiederum dafür, dass du weitaus weniger schmerzempfindlich bist. Berührungen unter der Geburt sind ein Mittel, um in deine Geburtstrance zu finden.

Lieber großer Bruder, liebe große Schwester,

streiche doch einmal über Mamas Babybauch. Fühlst du, wie schön warm und glatt ihre Haut ist? Aber der Bauch fühlt sich gleichzeitig auch fest an, oder? Stell dir vor, genau wie du kann ich bereits fühlen. Noch bevor ich hören oder sehen kann, funktioniert mein Tastsinn.
Soll ich dir einmal erzählen, was ich alles in Mamas Bauch fühlen kann? Kannst du dich noch erinnern, als ich dir von der Verbindung zwischen Mama und mir, der Nabelschnur, erzählt habe? Ich bin wirklich sehr froh darüber, dass es diesen Schlauch hier in meiner kuscheligen Höhle gibt. Denn du musst wissen, ich kann die Nabelschnur mit meinen Fingern schon greifen, kann sie genüsslich hin und her rollen, wie du zum Beispiel einen Faden. Das ist ein richtiger Zeitvertreib für mich. Gleichzeitig weiß ich dadurch auch schon, was fest ist, denn die Nabelschnur ist ja immer prall gefüllt.

Wenn Mama oder Papa dich streicheln, mit dir kuscheln oder dich kitzeln, ist das ein wunderbares Gefühl, oder? Bestimmt genießt du ihre Berührungen in vollen Zügen. Berührungen machen uns glücklich, und auch ich werde es lieben, wenn du mit deinen kleinen Händen über meinen Bauch streichelst oder mich mit einer Feder leicht an meinen Füßen kitzelst. Oh, darauf freue ich mich schon besonders und wenn ich größer bin, dann streichele ich dich auch. Versprochen.
Nun habe ich dir ganz viel erzählt, was ich fühlen und spüren kann, und ich muss dir sagen, dass ich diesen Sinn besonders spannend finde. Wenn ich geboren bin, möchte ich am liebsten alles anfassen. Wir müssen unbedingt die Welt um uns herum gemeinsam betasten. Denn ich will alles wissen. Wie fühlt sich kaltes Wasser an und wie Eis? Wie ist der Unterschied zwischen Watte und einem Stein? Vielleicht kannst du mir nun erzählen, was du alles gerade fühlst. Ich habe viel Zeit und möchte dir ganz lange zuhören.

Ich sende dir einen dicken Kuss aus dem Bauch!
Dein Geschwisterchen

Wenn du wissen willst, wie sich ganz unterschiedliche Berührungen anfühlen, kannst du mit Mama oder Papa einmal Pizzabäcker spielen. Dafür ziehst du deinen Pulli etwas hoch und legst dich mit dem Bauch auf den Schoß von Mama oder Papa. Jetzt ist dein Rücken die Pizza. Zuerst muss der Teig geknetet und ausgerollt werden. Danach streicht man sanft die Tomatensoße über den Teig. Und nun wird er mit allerlei Leckereien belegt. Was soll auf deine Pizza drauf? Pilze, Oliven, Zwiebeln, Paprika, Ananas, Käse? Alles wird auf die Pizza gelegt, und am Schluss wird sie in den Backofen geschoben. Wenn sie dann fertig ist, muss sie natürlich noch in Stücke geschnitten und gepustet werden. Mmh. Lecker! Und wie hat sich das alles für dich angefühlt?

Das Baby in Mamas Bauch kann nun schon sehr viel fühlen. Stell dir vor, an seinen Fingern und Zehen wachsen schon die ersten Nägel. Es macht einen solchen Spaß, später ganz zart darüberzustreichen. Wenn du möchtest, dann kannst du das auch einmal bei dir ausprobieren. Sind deine Nägel hart oder weich? Glatt oder geriffelt? Genau wie du kann dein Geschwisterchen das auch alles bei sich schon fühlen. Super, oder?

Um möglichst viel zu fühlen, hat das Baby Tastkissen und Tastkörperchen, die ihm sagen, was sich um es herum befindet. Ganz viele dieser Tastkörperchen sitzen an den Fingerkuppen, aber auch die Handflächen sind übersät davon. Hier kann es also besonders gut fühlen. Sein Rücken ist zum Beispiel nicht ganz so empfindlich, weil hier viel weniger Tastkörperchen zu finden sind. Lass dir doch einmal von Mama oder Papa über die Handflächen oder den Rücken streicheln. Wie schön sich diese Berührungen doch anfühlen und wie anders, oder?

Auch den Wollhaarflaum oder die Lanugohaare, mit denen der ganze Körper des Babys noch bedeckt ist, kann es mit seinen Fingern ertasten und erfühlen. Flauschig weich sind diese Haare. Es fühlt sich ein bisschen so an, als würde man eine kleine Katze streicheln.

Weißt du, was das Baby in Mamas Bauch richtig gerne und lange macht? Es nimmt seinen Daumen oder einen anderen Finger in den Mund und nuckelt daran. Dadurch kann es schon einmal das Saugen üben, was später fürs Trinken an Mamas Brust oder für die Flasche nützlich ist. Aber das Ungeborene kann auch mit seinem Daumen den Mund erkunden und seine Zunge spüren. Wenn du möchtest, kannst du auch einmal deine Zunge anfassen. Und, wie fühlt sie sich an?

Dein Geschwisterchen spürt und fühlt aber nicht nur Finger und Hände. Jetzt, da es schon ordentlich gewachsen ist, übt es täglich viele Bewegungen. Beim Turnen stößt das Baby mit seinem Körper immer wieder an Mamas Gebärmutterwand. So fühlt es, wo sein Körper anfängt und wo er aufhört. Dadurch bekommt das Kleine ein gutes Körpergefühl und hat auch eine genaue Vorstellung, wie groß es nun schon ist.

Hast du Lust auf ein kleines Tastspiel? Du kannst dir ganz einfach deinen eigenen Tastkasten bauen, der sich super zum Experimentieren eignet. Dafür brauchst du nur einen leeren Schuhkarton mit Deckel. An der Seite schneidest du ein Loch hinein. Es soll so groß sein, dass deine Hand später problemlos hindurch passen kann. Manchmal ist es ein bisschen kniffelig, in den festen Karton ein Loch hineinzubekommen, aber Mama oder Papa helfen dir bestimmt gerne dabei. Nun kann jemand für dich einen Gegenstand in den Karton legen, den Deckel verschließen, und du kannst mit deiner Hand durch das Loch greifen. Was fühlst du, und was könnte es wohl sein? Ist der Gegenstand klein oder groß? Hart oder weich? Glatt oder rau? Erkennst du alleine durchs Fühlen, was sich in deinem Tastkasten befindet! Heb den Deckel hoch und schau doch einfach nach!

20. Eine Mütze voll Schlaf

Dein Bauch wächst und rundet sich zu einer bezaubernden Kugel. Du bist einfach nur wunderschön schwanger. Trotzdem kann es sein, dass der größer werdende Bauch dich beim Schlafen etwas beeinträchtigt. Deswegen sagen auch viele Frauen, dass ihr Stillkissen vor allem in der Schwangerschaft gute Dienste getan hat, nämlich als stützendes Polster zwischen den Beinen. Hol dir also dein Stillkissen ins Bett und mach es dir beim Schlafen richtig bequem.

Wenn du einmal nicht gut geschlafen hast, dann ist es deine Entscheidung, wie viel Bedeutung du dem beimisst. Du kannst dir den ganzen Tag über sagen, wie müde du bist – oder du gibst dem Tag eine Chance, ganz einzigartig zu werden. Denn eines steht fest: Du schaffst immer deinen Tag! Ganz gleich, wie wenig oder viel du geschlafen hast. Dieses Mut-Mantra kannst du auch nach der Geburt deines Babys gut gebrauchen!

Liebe große Schwester, lieber großer Bruder,

hier schreibt dir wieder dein kleines Geschwisterchen aus Mamas Bauch. Das ist schon der zwanzigste Brief, und damit ist auch Halbzeit. Nein, nicht von einem Fußballspiel, sondern von der Zeit, die ich in Mamas Bauch wohne. Sieh nur, ich bin schon so groß geworden wie eine Birne!

Heute möchte ich von dir gerne einmal wissen, ob du wie ein Stein schläfst.

So nennt man das, wenn man schnell einschlafen und richtig gut durchschlafen kann, ohne in der Nacht aufzuwachen. Dann fühlst du dich am Morgen bestimmt fit wie ein Turnschuh.

Du musst wissen, dass ich hier im Bauch noch gar kein echtes Zeitgefühl habe.

Ich weiß also auch noch nicht, wann Zeit ist, ins Bett zu gehen, und auch nicht, wann Tag ist und man wach sein kann. Trotzdem entwickele ich schon einen ganz eigenen Schlaf-Wach-Rhythmus.

Manchmal bin ich putzmunter und ganz aktiv, dann ruhe ich mich wieder gut aus. Stell dir vor, ich habe sogar schon eine Schlafposition gefunden, in der ich es mir so richtig gemütlich machen kann. Am liebsten lasse ich mein Kinn zum Schlafen auf die Brust fallen. So ist es für mich hier in Mamas Bauch richtig bequem. Probier' das doch auch einmal aus! Wie fühlt sich das für dich an?

Vom Schreiben bin ich nun tatsächlich müde geworden. Gute Nacht aus dem Bauch!
Dein Geschwisterchen

PS: Wusstest du, dass Babys nach der Geburt die meiste Zeit des Tages verschlafen, bis zu 16 Stunden? Ich bin also am Anfang eine richtige Schlafmütze. Ich hoffe, dass ich dabei nicht schnarchen werde, sonst bin ich zusätzlich noch eine richtige Schnarchnase!

Wenn das Baby auf der Welt ist, dann findet es erst langsam heraus, wann Tag ist und wann Nacht. Gerade am Anfang weiß es das noch nicht so recht. Vielleicht macht dein Geschwisterchen dann die Nacht zum Tag. Das heißt so, wenn man auch nachts, wenn man eigentlich schlafen sollte, wach ist und beschäftigt werden will. Du kannst ja Mama oder Papa einmal fragen, wie das bei dir war. Hast du von Anfang an durchgeschlafen oder hat es eine Weile gedauert?

Kleine Kinder müssen besonders das Einschlafen erst lernen, denn schlafen heißt auch zu vertrauen. Das Baby weiß ja noch nicht, dass Mama, Papa und auch du noch da sind, wenn es wieder aufwacht.

Willst du ihm helfen, schnell zu lernen, wie man gut einschläft? Dann singe deinem Geschwisterchen mit Mama oder Papa zusammen zum Beispiel immer wieder das gleiche Schlaflied vor und schaukele es dabei sanft. Dann fühlt sich dein kleiner Bruder oder deine kleine Schwester besonders wohl und sicher.

Wenn du möchtest, kannst du dem Baby auch in diesem Augenblick ein Lied vorsingen, denn es hört dich im Bauch schon sehr gut. Und weißt du was, es kann sich sogar daran erinnern, wenn es auf der Welt ist!

Alles, was es schon aus Mamas Bauch kennt, wird ihm wohlvertraut vorkommen und ihm zeigen, dass alles in Ordnung ist und es in Seelenruhe einschlafen kann.

Vielleicht probierst du es gleich jetzt aus mit dem Singen!

Anders als dein Geschwisterchen weißt du bestimmt schon, wann Zeit ist, ins Bett zu gehen. Wir Menschen brauchen übrigens ganz unterschiedlich viel Schlaf. Manche Menschen verschlafen sogar ein Drittel des gesamten Jahres. Spielen, essen, arbeiten und ganz viel schlafen. Hier kannst du für das Baby einmal aufschreiben, was du für ein Schläfer bist!

Wann gehst du schlafen und wann stehst du wieder auf? Bist du denn ein richtiger Langschläfer oder eher morgens in aller Frühe wach?

Bestimmt machst du es dir vor dem Schlafengehen so richtig gemütlich. Vielleicht schläfst du am liebsten auf dem Rücken ein, oder aber du bist ein Bauchschläfer. In welcher Position schläfst du am liebsten?

Was hilft dir noch beim Einschlafen? Wenn dir vorgelesen wird oder du gestreichelt wirst? Oder hörst du ein Hörspiel?

In einer Nacht schläfst du übrigens unterschiedlich tief, es gibt also verschiedene Schlafphasen. In einer besonderen Phase bewegen sich deine geschlossenen Augen sogar rasch hin und her. Das ist meistens die Zeit, in der du träumst. Wenn du erwachsen bist, träumst du in einer Nacht bis zu fünfmal. Das können sehr unterschiedliche Träume sein. Du kannst dich aber sicher schon jetzt an deine Träume erinnern. Fällt dir vielleicht dein allerschönster Traum ein?

Und was war dein gruseligster Traum?

Am besten kannst du sicher einschlafen, wenn du schöne und gute Gedanken hast. Frage dich doch einmal vor dem Schlafengehen, wofür du am Tag dankbar gewesen bist oder was gut geklappt hat. Und, schwupps, bist du auch schon eingeschlafen und hast bestimmt einen ganz wunderbaren Traum!

21. Glaubst du, dass ich schon einen Purzelbaum schlagen kann?

Vielleicht kannst du schon erste Bewegungen deines Babys wahrnehmen. Wie wunderbar! Es trainiert und stärkt fleißig seine Muskeln. Auch für dich sind sich abwechselnde Ruhe- und Bewegungsphasen wichtig. Bewegung regt zum Beispiel deine Blutzirkulation an. Damit kannst du Wassereinlagerungen und auch anderen Schwangerschafts-Wehwehchen vorbeugen.

Vielleicht machst du heute mit deinem Kind einen Entdeckungsspaziergang an der frischen Luft. So bewegt ihr euch alle! Du, dein älteres Kind und dein Baby. Danach könnt ihr gemeinsam die Beine hochlegen.

Lieber großer Bruder, liebe große Schwester,

du kannst doch bestimmt schon einen Purzelbaum schlagen, oder? Erzähl doch mal: vorwärts und auch rückwärts? Soll ich dir dazu ein Geheimnis verraten? Wenn du das mit dem Purzelbaum beherrschst, sind wir schon zu zweit. Ja, es ist kaum zu glauben, aber ich kann in Mamas Bauch auch einen machen! Einmal komplett herum, eine richtige Rolle mit dem ganzen Körper. Gerade habe ich noch so viel Platz in Mamas Gebärmutter, dass das geht.

Ich genieße meine Beweglichkeit, denn so wird mir nie langweilig. Mama bestimmt auch nicht. Sie denkt vielleicht manchmal, dass ich ein kleiner Turner oder eine kleine Turnerin bin, so wie ich sie mit meinen Bewegungen knuffe.

Ich möchte dir von einer Bewegung erzählen, die ich sehr gern mag. Hast du eine Idee? Ich bin gespannt, ob du drauf kommst. Ich kann nämlich schon mit meinen winzigen Zehen wackeln. Darauf bin ich mächtig stolz. Manchmal mache ich nichts anderes, als meinen Zehen beim Wackeln zuzusehen. Das ist ein lustiger Zeitvertreib, denn hier in Mamas Bauch habe ich ja kein Spielzeug. Jetzt gerade wackele ich auch mit meinen Zehen. Wollen wir einmal zusammen mit den Zehen wackeln? Vielleicht machen Mama und Papa ja auch mit!

Lieben Gruß und eine dicke Umarmung aus Mamas Bauch von deinem Geschwisterchen

Wusstest du, dass auch Hunde einen Purzelbaum schlagen können? Jetzt bist aber erst mal du dran, probier' es doch einfach aus! Aber Achtung: Du brauchst eine weiche Unterlage und viel Platz. Schaffst du es vorwärts und auch rückwärts?

Die ersten Bewegungen deines Geschwisterchens waren kaum wahrnehmbar und eher ein Zucken. Davon hat deine Mama gar nichts mitbekommen, weil das Baby noch viel zu klein war. Jetzt ist es schon richtig viel gewachsen, hat immer mehr Bewegungen gelernt und auch fleißig geübt.

Als die Arme und Beine des Babys sich entwickelt haben, sahen sie noch aus wie kleine Paddel, erinnerst du dich? Mit ihnen ist das Kleine in Mamas Bauch herumgepaddelt wie ein Weltmeister. Nun sehen seine Arme und Beine aber schon so aus wie deine, nur eben viel kleiner. Mittlerweile sind sie aber doch so groß geworden, dass das Baby manchmal mit ihnen gegen Mamas Bauchdecke stößt. Das kann sie dann auch spüren. Bestimmt war Mama ganz aufgeregt und glücklich, als das zum ersten Mal passiert ist. Vielleicht hat sie dir oder Papa sogar davon erzählt.

Wenn du möchtest, dann stelle dir einmal eine Feder vor, die über deine Haut streichelt. Das kitzelt dich? Fast genauso spürt Mama die ersten leichten Bewegungen des Babys. Wenn es weiterwächst, wird es immer kräftiger werden. Bestimmt kannst du dann seine Turnübungen an Mamas Bauchdecke sehen. Sie wird sich lustig verformen und manchmal kleine Beulen bekommen. Wenn du dann deine Hand auf Mamas Bauch legst, kannst du dein kleines Geschwisterchen und seine Bewegungen bestimmt fühlen. Aber bis dahin musst du dich vielleicht noch ein bisschen gedulden. Das Baby beeilt sich mit dem Wachsen und übt fleißig Purzelbäume. Dann ist es bestimmt schon bald so weit!

22. Ich kann jetzt blinzeln!

Schließe doch einmal für einen Moment lang deine Augen und fühle dich hinein, wie es wäre, das Baby in deinem Bauch zu sein. Du stellst fest, dass du eine sensationelle Entwicklung gemacht hast und dass du ab sofort deine Augen öffnen und sehen kannst. Wie aufregend all die neuen Eindrücke sind. Was nimmst du wahr? Welche Farben? Welche Formen? Was gibt es in deinem Zuhause zu entdecken? Nimm dir diesen Augenblick lang Zeit und erkunde, was dein Baby jetzt alles mit seinen Augen wahrnehmen kann, und fühle dich ihm dadurch ganz nah. Vielleicht kannst du dieses kleine Wahrnehmungstausch-Experiment mit deinem großen Kind wiederholen. Was denkt es, was das Baby alles sehen kann?

Liebe große Schwester, lieber großer Bruder,

wollen wir etwas zusammen spielen? Ich sehe was, was du nicht siehst …
Diesmal konnte ich es gar nicht abwarten, dir zu schreiben. Etwas ganz Besonderes ist passiert. Seit heute kann ich meine Augen richtig öffnen.
Ganz am Anfang hatte ich noch gar keine Augen. Sie haben viel Zeit gebraucht, um sich überhaupt zu entwickeln. Dann konnte ich meine Augenlider eine ganze Weile lang noch gar nicht richtig öffnen. Ich habe erst ganz langsam angefangen, blinzeln zu lernen. Kannst du blinzeln? Das ist ungefähr so, als wenn du ganz kurz und schnell deine Augen auf- und zumachst, immer wieder.
Zu Beginn ist mir das Blinzeln richtig schwergefallen. Aber es hat mir unglaublichen Spaß gemacht, denn so habe ich gemerkt, was es bedeutet, etwas sehen zu können. Deshalb habe ich mich mächtig angestrengt und ganz viel geübt.
Stell dir vor, ich kann jetzt sogar meine Hände und Füße sehen. Und wenn ich an meinem kleinen Körper hinunterschaue, dann kann ich auch meinen Bauch entdecken. Und ich sehe sogar die Nabelschnur, die meinen Körper mit dem von Mama verbindet.

Oh, ich freue mich schon so sehr, wenn ich groß genug geworden bin, mit dir gemeinsam auf Entdeckungstour gehen zu können. Vielleicht bauen wir uns zusammen eine Höhle und nehmen dann unsere Taschenlampen mit.
Oder wir machen gemeinsam Schattenspiele. Vielleicht fällt dir noch ein anderes tolles Spiel ein?

Ich sende dir einen lieben Kuss aus Mamas Bauch und freue mich schon, dir ganz bald wieder zu schreiben.
Dein Geschwisterchen

Vielleicht hast du Lust, mit Mama oder Papa ein kleines Blinzelspiel zu spielen. Schaut euch in die Augen und versucht dabei, so lange es geht, nicht zu blinzeln. Das kann so viel Spaß machen und ist zudem noch tierisch witzig.

Es gibt sogar einen Weltrekord im Nicht-Blinzeln. Eine Japanerin hat genau 23 Stunden, 5 Minuten, 18 Sekunden und 5 Zehntelsekunden die Augen offen gehabt, ohne zu blinzeln. Sie hat also ihre Augen fast einen ganzen Tag lang nicht geschlossen, ist das nicht beeindruckend?

Bevor sich die Augen deines Geschwisterchens entwickelt haben, war um es herum alles dunkel. So, als wenn du die Augen geschlossen hast. Aber nun kann das Baby die Augen öffnen, den Kopf drehen und sehen, was es in Mamas Bauch so alles gibt.

Das Kleine kann jetzt auch erkennen, wann es hell und wann dunkel ist. Vielleicht ist es gerade taghell um dich herum. In Mamas Bauch ist es nicht ganz so hell wie bei dir. Aber du kannst dem Baby wunderbare Lichter machen. Hast du eine Taschenlampe? Dann halte sie einmal an Mamas Bauch und knipse sie an und aus. Das Baby liebt diese Abwechslung sehr. So könnt ihr jetzt schon gemeinsam spielen, ist das nicht wunderbar?

Wenn du genau wissen willst, was dein Geschwisterchen sieht, versuche Folgendes: Halte einmal beide Hände vor deine Augen. Am besten machst du jetzt deine Augen gleichzeitig auf. Kannst du etwas erkennen? Ist es bei dir dunkel? Und an einigen Stellen ein bisschen rot?

Das Rote, das du siehst, ist dein Blut, das durch deine Finger fließt. Und genauso ist es auch beim Baby. Es ist umgeben von Mamas Gebärmutter, und darüber liegt sogar noch Mamas Haut. Beides wird von Mamas Blut durchflossen. So ist alles um das Baby herum angenehm rot gefärbt.

Hast du Lust, einmal mit deinen Händen zu schauspielern? Denn mit ihnen kannst du eine super Geschichte erfinden. Das ist ganz einfach und du brauchst gar nicht viel dafür. Eine Taschenlampe hast du ja gerade schon parat, die darfst du gleich als Lichtquelle verwenden. Am besten funktioniert es, wenn du den Raum, in dem du dein Schattenspiel machen möchtest, ganz dunkel machen kannst. Vielleicht hast du Vorhänge oder ein Rollo? Oder du probierst es einfach am Abend, wenn es draußen bereits dämmert. Nun brauchst du eigentlich nur noch eine freie Fläche an der Wand, die du als Leinwand benutzen kannst. Und eine ganz wichtige Zutat: deine Hände! Dann kann es auch schon losgehen.

Kommt in deiner Geschichte ein Vogel vor? Lege dafür einfach die Daumen deiner Hände übereinander. So entsteht der Kopf deines Vogels. Die anderen vier Finger bilden die Flügel. Du hältst die Finger dicht beieinander und durch Auf- und Abbewegen deiner Schwingen kannst du sogar fliegen. Toll, oder?

Vielleicht möchtest du auch eine Schnecke spielen. Für den Schneckenfuß machst du mit deiner rechten Hand eine gerade Fläche, so als würdest du eine Murmel darauf balancieren, die nicht herunterfallen darf. Deine Fingerspitzen zeigen zur rechten Seite. Wenn du schon ein geübter Schattenspieler bist, dann kannst du deine Finger ein wenig nach oben beugen. Mit deiner linken Hand machst du eine Faust. So bildest du das Schneckenhaus, das du nun einfach auf die Handfläche der rechten Hand aufsetzt. Fertig zum Loskriechen? Probier' es aus.

Kannst du dich noch erinnern, dass ein Kamel 200 Liter in nur 15 Minuten trinken kann? Du kannst ein Kamel mit deinen Fingern zum Leben erwecken. Dafür brauchst du eine Hand, deren Handfläche nach unten zeigt. Den Daumen klappst du nach innen ein. Mittel-, Ring- und kleiner Finger stehen zusammen und werden ein wenig nach vorne gebeugt. Den Zeigefinger noch als Halbmond beugen, sodass er über dem Mittelfinger heraussteht. Fertig ist dein Kamel! Mit der anderen Hand kannst du einen zweiten Kamelkopf bilden und schon hast du eine ganze Karawane, die durch die Wüste ziehen kann.

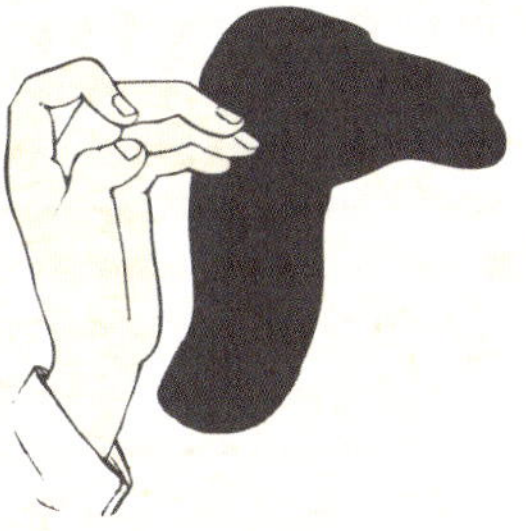

Nun bist du, schon bevor das Baby auf die Welt kommt, ein richtiges Schattenspielertalent, und wenn es geboren ist, dann kannst du ihm die Geschichte vorspielen. Denn hell und dunkel kann euer Baby von Anfang an richtig gut unterscheiden. Wenn du immer mal wieder übst, fallen dir bestimmt auch noch ganz viele andere Sachen ein, die du mit deinen Händen machen kannst. Wunderbar!

23. Schau mir in die Augen, Kleines – der Sehsinn

Der Sehsinn entwickelt sich vor allem über Erfahrung und Übung. Deshalb kann dein Baby nach der Geburt noch nicht sofort gut sehen. Erst um seinen ersten Geburtstag herum sieht es ungefähr so wie du als Erwachsene. Alles, was weiter weg ist als Mamas Gesicht beim Stillen, kann vorher noch nicht scharf gestellt werden. Rot und Schwarz-Weiß-Kontraste sowie klare Formen betrachtet dein Baby aber von Anfang an gern, denn das kennt es bereits aus deinem Mutterleib. Vielleicht bastelt ihr als Familie für das Babyzimmer ein Mobile, das dein Geschwisterchen beim Sehen lernen unterstützen kann.

Lieber großer Bruder, liebe große Schwester,

im letzten Brief habe ich dir schon geschrieben, dass ich blinzeln kann. Stell dir vor, schon bald habe ich auch Wimpern an meinen Augenlidern. Wimpern und Augenlider schützen mein Auge gut vor Fremdkörpern. Das machen auch meine Tränen. Ist dir auch schon einmal etwas ins Auge geflogen? Musstest du dann weinen? Genau, deine Tränen spülen den Gegenstand, der nicht ins Auge gehört, heraus. Das finde ich ganz schön praktisch.

Oh, ich bin schon so gespannt, wie die Welt außerhalb von Mamas Bauch aussieht! Ich kann es mir noch gar nicht so richtig vorstellen. Bestimmt gibt es viele schillernde Farben oder lustige Gegenstände und Spielsachen, die man sich anschauen kann. Vor allem kann ich dann dich, Mama und Papa sehen. Bis es so weit ist, muss ich mich aber noch ein wenig gedulden. Vielleicht hast du Lust, mir ein Bild von dem zu malen, was du gerade alles siehst? Oder du malst ein Bild mit deinen Lieblingsfarben, denn darüber würde ich mich riesig freuen.

Nun nehme ich mir gleich nach dem Schreiben ein bisschen Zeit und trainiere meine Augen und das Sehen fleißig weiter. Genau in diesem Augenblick zwinkere ich dir einmal zu. Denn das kann ich schon richtig gut!

Liebe Grüße aus dem Bauch,
dein Geschwisterchen

PS: Wusstest du, dass es nicht möglich ist, beim Niesen die Augen offen zu halten? Versuchs doch mal, wenn du das nächste Mal niesen musst.

Hast du dir deine Augen überhaupt schon genauer angesehen? Wenn nicht, dann wird es Zeit. Vielleicht möchtest du mit Mama oder Papa einmal ins Bad gehen, um im Spiegel deine Augen genau zu untersuchen.

Hast du den farbigen Teil deines Auges schon entdeckt? Das ist die Regenbogenhaut oder auch Iris. Sie kann ganz unterschiedliche Farben haben. Blau, Grün oder aber auch silbern und bernsteinfarben. Stell dir vor, manchmal gibt es sogar in einer Iris mehrere Farben gleichzeitig. Die meisten Menschen auf der Welt haben allerdings braune Augen.

Wenn dein Geschwisterchen geboren wird, hat es wahrscheinlich blaue Augen. Du musst wissen, dass das aber nicht seine endgültige Augenfarbe ist. Vielmehr haben fast alle Babys blaue Augen. Erst nach einer gewissen Zeit kommt die richtige Augenfarbe hervor. Welche Augenfarbe hast du? Und welche Farbe haben die Augen von Mama und Papa?

Bestimmt hast du dich schon einmal gefragt, wie das mit dem Sehen eigentlich so funktioniert. Du kannst dir vorstellen, dass auf alle Gegenstände um dich herum Licht fällt. Etwas von dem Licht nehmen die Gegenstände auf, sie geben aber welches an ihre Umgebung zurück. Man sagt, sie reflektieren das Licht. Und genau dieses Licht fällt dann durch die durchsichtige Hornhaut in dein Auge.

So wie auf diesem Bild hier sieht dein Auge übrigens aus, mit allem Drum und Dran! Wenn du möchtest, kannst du die Iris in der Farbe deiner Augen anmalen.

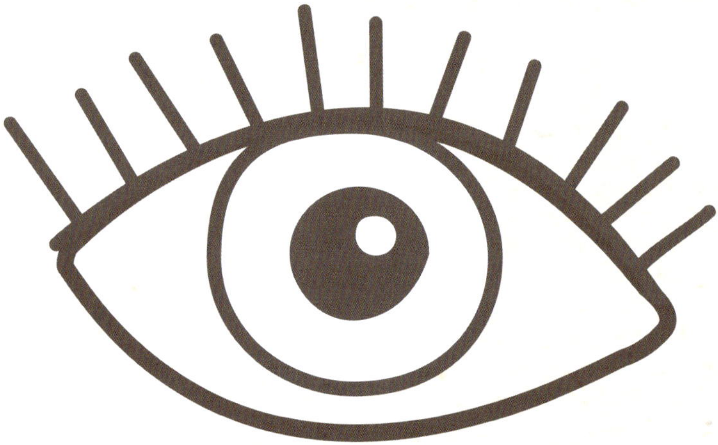

Die Pupille ist umrandet von deiner Iris. Das ist der farbige Kreis, der sich um deine Pupille befindet. Ganz praktisch ist, dass die Iris sich weiten oder verengen kann. Damit kontrolliert sie, wie viel Licht in dein Auge fällt. Wenn die Sonne ganz hell scheint, verkleinert sich deine Pupille und lässt nicht mehr so viel Licht hindurch. Wenn es hingegen ganz dunkel ist, dann wird deine Pupille ganz groß.

Hinter deiner Pupille versteckt sich die Linse. Sie bündelt und bricht das einfallende Licht. Das bedeutet, dass das, was du siehst, auf den Kopf gedreht wird. Eine komische Vorstellung, oder? Bis hierher siehst du tatsächlich alles verkehrt herum. Aber du merkst es noch nicht, denn dein Gehirn weiß noch nichts davon.

Damit sich das ändert, werden alle Informationen auf der Netzhaut gesammelt. Hier sitzen viele, viele Millionen lichtempfindliche Zellen. Man nennt sie Stäbchen und Zapfen, weil sie so eine lustige Form haben. Durch die Zapfen kannst du unterschiedliche Farben erkennen. Außerdem helfen sie dir, scharf und nicht verschwommen zu sehen.

Durch die Stäbchen kannst du erfahren, wie hell oder dunkel das Gesehene ist. Du brauchst sie vor allem, wenn es dämmert oder dunkel ist und das Sehen schon etwas schwerfällt. Wusstest du, dass ein Mensch im Dunkeln 24 Meter weit sehen kann? Ein Hund hingegen nur sechs Meter, eine Eule aber sogar über zwei Kilometer.

Die Informationen, die die Stäbchen und Zapfen gesammelt haben, werden an den Sehnerv weitergegeben. Er leitet das Signal dann an dein Gehirn weiter. Hier wird es verarbeitet, und erst jetzt »siehst« du ein Bild, das auch richtig herum ist. Nun weißt du, wie du Mama oder Papa, die neben dir sitzen, überhaupt sehen kannst.

24. Ich bin schon ganz Ohr!

Schließe doch einmal für einen Moment lang deine Augen und fühle in dich hinein. Was würdest du spüren, wenn du das Baby in deinem Bauch wärst? Du stellst fest, dass du eine sensationelle Entwicklung gemacht hast und dass du ab sofort hören kannst. Wie aufregend all die neuen Eindrücke sind. Was nimmst du wahr? Welche Geräusche kannst du hören? Wo kommen sie her? Welche Stimmen kannst du unterscheiden? Nimm dir diesen Augenblick lang Zeit und erkunde, was dein Baby jetzt alles mit seinem Hörsinn wahrnehmen kann, und fühle dich ihm dadurch ganz nah.

Liebe große Schwester, lieber großer Bruder,

heute möchte ich dir schreiben, was ich in Mamas Bauch so alles hören kann. Als ich noch ganz winzig war, saßen meine Ohren fast mitten in meinem Gesicht. Lustig, oder? Aber mit der Zeit sind sie gewandert. Sie sitzen nun an der gleichen Stelle wie bei dir, nämlich links und rechts seitlich an meinem Kopf.

Mein Ohr ist jetzt voll entwickelt, und ich freue mich über jedes Geräusch. Weißt du, was ich sehr gerne höre? Wenn Mama redet oder singt. Ihre Stimme ist so wunderschön, findest du nicht auch? Und stell dir vor, auch deine Stimme höre ich. Sie klingt ein bisschen dumpf, weil ich ja in Mamas Bauch von ganz viel Fruchtwasser umgeben bin. Du kannst es dir so vorstellen, als wenn du in der Badewanne unter Wasser redest. Aber trotzdem erkenne ich deine und auch Papas Stimme sehr genau. Ich mag es so gerne, wenn ihr mit mir redet.

Bist du auch schon auf meine Stimme gespannt? Wenn ich aus Mamas Bauch herauskomme, kann ich leider noch nicht sprechen. Aber schon bald werde ich lernen, ein paar Laute von mir zu geben, zu lachen und zu glucksen, und das kannst du dann natürlich hören. Wenn es mir nicht gut geht oder ich Hunger oder Durst habe, werde ich bestimmt auch mal furchtbar laut weinen und schreien.

Vielleicht kannst du mich dann trösten und mir ein Lied vorsingen. So, wie du es manchmal jetzt auch schon tust.

Ich freue mich schon darauf, dir das nächste Mal zu schreiben.
Bis bald,
dein Geschwisterchen

PS: Stell dir vor, die große Wachsmotte schlägt alle Hörrekorde. Sie kann 150-mal besser hören als ein Mensch. Wow, unglaublich, oder?

PPS: Und ein Elefant hat zwar riesige Ohren, er nutzt aber noch ein zweites Hörorgan, und zwar seine Füße!

In Mamas Bauch, wo das Baby wohnt, gibt es jede Menge ganz unterschiedlicher Geräusche. Wenn du möchtest, dann leg doch mal dein Ohr auf Mamas Brust. Kannst du etwas hören? Vielleicht ein Pochen? Dieses Pochen hört dein Geschwisterchen auch, es ist Mamas Herzschlag. So merkt das Baby immer, ob Mama gerade aufgeregt ist, denn dann schlägt ihr Herz ganz schnell. Es kann aber auch hören, wenn Mama Hunger hat, weil ihr Magen dann knurrt. Das kann manchmal schon ganz schön laut sein.

Sei doch einmal Geräuscheforscher oder Geräuscheforscherin. Wie viele verschiedene Geräusche kannst du in diesem Augenblick um dich herum hören? Wenn du möchtest, mache deine Augen zu. Dann kannst du manchmal noch mehr hören. Vielleicht hast du Lust, dem Baby zu erzählen, was du gerade alles um dich herum hörst? Wenn du redest, kann es deine Stimme jetzt in diesem Augenblick in Mamas Bauch hören! Und stell dir vor, nach der Geburt wird deine Stimme ihm wohlvertraut sein und es wird sie wiedererkennen.

Vielleicht hast du nach diesem kleinen Lauschexperiment Lust, einmal deine eigene Geräuschlandkarte zu basteln. Für deine Landkarte kannst du ein leeres Blatt Papier verwenden. Darauf kannst du nun die Geräusche malen, die du gehört hast, oder du schreibst sie einfach auf. Achte zum Beispiel darauf, aus welcher Richtung ein Geräusch gekommen und wie nah bei dir oder wie weit weg es gewesen ist. War es laut oder leise? So entsteht ein genaues Bild von dem, was du gerade hörst. Wenn du möchtest, dann wiederholst du das Experiment und setzt dich zum Beispiel an einem anderen Tag noch einmal an die gleiche Stelle. Was hörst du jetzt? Gibt es Geräusche, die du schon gehört hast, oder sind ganz neue dazugekommen? Trage auch sie in deine Landkarte ein.

Hast du gewusst, dass du eine Muschel, eine Schnecke, ein Fell und sogar einen Hammer in den Ohren hast? Aber keine Angst, es ist natürlich kein richtiger, und Tiere wohnen auch nicht in deinen Hörorganen.

Deine Ohrmuschel sitzt außen an deinem Ohr und funktioniert wie ein riesiger Trichter, der alle Geräusche und Töne aufnimmt und sie ins Innere deines Ohres weiterleitet. Geräusche und Töne sind nichts weiter als schwingende Luft, die sich bewegt. Diese Schwingungen gelangen durch dein Ohr zu deinem Trommelfell. Das heißt so, weil es eine dünne, gespannte Haut ist, die bei Tönen anfängt zu schwingen, genauso wie bei einer Trommel.

Kannst du dich noch an die Schattenspiele erinnern? Dort hast du auch eine Schnecke mit deinen Händen gemacht. Ob du das wohl noch kannst?

Vom Trommelfell aus wird die Schwingung auf drei Knochen übertragen: den Hammer, den Amboss und den Steigbügel. Diese drei Knöchelchen geben die Schwingung weiter an die Gehörschnecke. Das ist unser eigentliches Hörorgan. Hier sitzen ganz, ganz viele kleine Härchen, die die Information über das Geräusch oder die Töne sammeln und an unseren Hörnerv weitergeben. Die Informationen werden von hier aus an unser Gehirn geleitet.

Wir brauchen also die Muschel, das Fell, den Hammer und die Schnecke, damit uns unser Gehirn sagen kann, was für ein Geräusch wir gerade hören. Eine Stimme oder Musik, einen lauten Knall oder ein Flüstern. Manche Menschen können übrigens bis zu vierhunderttausend Töne unterscheiden und noch dazu erkennen, aus welcher Richtung ein Geräusch kommt. Unser Ohr ist also ein wahres Multitalent.

25. Pups und Lieblingsessen – Riechen und Schmecken

Der Geruchssinn ist der unmittelbarste menschliche Sinn. Was wir riechen, wird nicht wie akustische oder visuelle Signale in der Großhirnrinde verarbeitet, sondern wie Emotionen im limbischen System. Nicht zuletzt deswegen spielt der Geruchssinn unter der Geburt eine wichtige Rolle. Du nimmst Gerüche währenddessen intensiver wahr. Das kannst du dir zunutze machen, indem du zum Beispiel ein ätherisches Öl als Anker zur Entspannung verwendest.

Auch bei deinem Neugeborenen spielt der Geruchssinn eine bedeutende Rolle, denn faszinierenderweise ist er schon nach der Geburt komplett ausgebildet. Wenn du dein gerade geborenes Baby auf deinen Bauch legst, dann wird es anfangen, mit kräftigen Beinstößen zu deiner Brustwarze zu robben. Dieses unglaubliche Phänomen nennt man Breast Crawling, und es zeigt einmal mehr, wie kompetent dein Baby ist. Dabei wird es vom Geruch geleitet, denn deine Brust sondert ein Sekret ab, das fast identisch riecht wie Fruchtwasser. Also immer der Nase nach, bitte!

Lieber großer Bruder, liebe große Schwester,

stell dir vor, bei mir entwickeln sich nun die Geschmacksknospen auf der Zunge. Nun kann ich endlich lernen, was es heißt zu schmecken. Natürlich gibt es hier in Mamas Bauch noch nicht viel Auswahl. Aber ich nehme schon Fruchtwasser in meinen Mund. Das hat einen ganz speziellen Geschmack. Irgendwie süßlich. Natürlich finde ich auch mit meinen Geschmacksknospen heraus, welchen Geschmack mein Finger hat, an dem ich gerade sauge. Ach, es wird nie langweilig hier!
Trotzdem habe ich schon jetzt große Lust, andere Geschmäcker und Gerüche kennenzulernen. Vier Monate bleibe ich noch in Mamas Bauch. Dann kannst

du mir zeigen, wie alles schmeckt und was du gerne isst. Einen ganzen Teller Spaghetti mit Tomatensoße werde ich natürlich noch nicht gleich verdrücken können. Aber wenn ich ein paar Monate alt bin, kannst du gerne deinen Finger in die Soße dippen und mir hinhalten. Dann schlecke ich ihn ab und lerne so nach und nach die unterschiedlichen Geschmacksrichtungen besser kennen. Darauf freue ich mich jetzt schon!

Bis dahin schlürfe ich mein Fruchtwasser weiter und sende dir einen dicken Kuss aus Mamas Bauch.
Dein Geschwisterchen

PS: Rate mal, welches Tier hat wohl die beste Nase? Ein Hund? Ein Trüffelschwein? Beide haben wohl sehr, sehr gute Riecher, aber die beste Nase hat tatsächlich ein Fisch. Der europäische Aal. Wer hätte das gedacht!

Wie etwas schmeckt, nimmst du über die Geschmacksknospen auf deiner Zunge wahr. Sie kann zwischen fünf Geschmacksrichtungen unterscheiden. Fallen dir welche ein?

Ja, genau, salzig, süß, sauer, bitter. Und dann gibt es noch umami. Jetzt fragst du dich vielleicht: »Umami, was ist das denn?« Nun ja, das ist der Geschmack, der weder salzig, süß, sauer oder bitter ist. Fleisch und Fisch schmecken zum Beispiel umami. Und jetzt sag du mal: »UMAMI«. Hört sich richtig schön an, oder? Das ist Japanisch und bedeutet so viel wie köstlich. Nun hast du ganz nebenbei ein Wort Japanisch gelernt! Ganz subarashii – also ganz großartig!

»Puh, was riecht hier so komisch?« und »Mannomann, ist die Zitrone aber sauer!« Bestimmt kommen dir diese beiden Sätze bekannt vor, oder? Wenn du willst, kannst du jetzt einmal auf Geschmacks- und Geruchsentdeckungsreise gehen. Denn du musst wissen, beides sind Sinne, die ähnlich funktionieren und zudem noch super zusammenarbeiten.

In deiner Nase sitzen ganze Gruppen von Riechzellen. Diese reagieren, wenn Duftteilchen in deiner Atemluft ankommen. Stell dir vor, deine Nase kann mehr als zehntausend verschiedene Gerüche unterscheiden. Du musst also an eine Eins vier Nullen anhängen, sind das nicht unglaublich viele? Hier kannst du es ausprobieren:

Deine Riechzellen erkennen schon, wenn du noch im Hausflur stehst, ganz genau, wenn Mama oder Papa dein Lieblingsessen gekocht hat. Du kannst sogar mit verbundenen Augen feststellen, dass du in einem Schweinestall stehst oder jemand neben dir gepupst hat.

In deinem Mund wiederum sind viele, viele Geschmacksknospen zuhause, die auf Geschmacksstoffe reagieren. Sie sitzen vor allem auf deiner Zunge, einige von ihnen aber auch an anderen Stellen in deinem Mund.

Beide Sinne, riechen und schmecken, arbeiten gut zusammen. Denn stell dir vor, ohne unseren Geruchssinn würden wir viel weniger schmecken. Deshalb schmecken auch manche Lebensmittel ganz eigenartig, wenn du eine Erkältung und eine verstopfte Nase hast.

Du kannst das bei der nächsten Mahlzeit ausprobieren: Halte dir einfach einmal beim Essen die Nase zu und du wirst merken, dass auf einmal alles nicht mehr so intensiv schmeckt. Auf einmal magst du sogar gerne Rosenkohl!

26. Ganz und gar keine knochentrockene Angelegenheit

Knochen sind unglaublich starke Gebilde. Ein Knochenblock von der Größe einer Streichholzschachtel kann das Gewicht von neun Autos tragen. Der Knochen- und Knorpelaufbau deines Babys benötigt täglich eine Menge Kalzium, die du, wenn du dich ausgewogen ernährst, mit deiner Nahrung aufnimmst. Milchprodukte sind optimale Kalziumlieferanten, aber vielleicht habt ihr als Familie Lust, auch einmal getrocknete Feigen in euer Müsli zu geben. Das sorgt für Abwechselung und ist zudem eine wahre Kalziumbombe, die bestimmt auch deinem Baby schmeckt.

Liebe große Schwester, lieber großer Bruder,

kannst du dich noch erinnern, als ich dir vor ein paar Wochen von meinen Purzelbäumen erzählt habe? Unser Körper ist ein wahres Meisterwerk der Bewegung. Du musst wissen, dass ich nur so wunderbar turnen kann, weil meine Knochen allmählich fester werden. Am Anfang waren sie noch weich wie Wackelpudding, aber jetzt halten sie meinen Körper gut zusammen.
Stell dir vor, auch du würdest ohne deine Knochen einfach schlapp hinfallen, wie eine Socke, die du auf den Boden wirfst. Damit unsere Knochen zusammenhalten, brauchen sie aber eine Art Scharnier. Das kannst du dir wie bei einer Tür vorstellen. Um sie auf- und zumachen zu können, sind an ihr ebenfalls Scharniere befestigt. Genauso ist das bei unseren Knochen auch, nur dass man die Scharniere im Körper Gelenke nennt. Sie sorgen für die Beweglichkeit zwischen den Knochen.
Nun weißt du schon eine Menge über unsere Knochen und unser Skelett. Ich mache für heute Schluss mit dem Schreiben und freue mich schon auf nächste Woche.

Bis dahin schicke ich dir einen dicken Kuss aus Mamas Bauch.
Dein Geschwisterchen!

Obwohl die Giraffe so einen unglaublich langen Hals hat, bilden auch bei ihr nur sieben Knochen diesen Teil des Körpers. Genauso viele wie bei dir! Lustig, oder? Natürlich sind die einzelnen Wirbelkörper bei der Giraffe viel länger als bei dir. Der erste Halswirbel heißt Atlas. Er ist natürlich kein Buch, sondern ein Knochen, der deinen gesamten Kopf trägt. Ganz schön stark, oder?

Wenn du deinen Kopf sanft nach vorne lehnst und dann behutsam deinen Nacken befühlst, kannst du einen dicken Knubbel ertasten. Das ist der letzte der sieben Halswirbel. Vielleicht hast du Lust, ihn auch bei Mama oder Papa zu suchen.

Die sieben Halswirbel sind besonders beweglich, damit du deinen Kopf gut hin und her drehen kannst. Nicke doch einmal mit dem Kopf, als würdest du »Ja« sagen wollen. Und nun schüttele deinen Kopf, so als ob du »Nein« sagen möchtest. Ganz schön flexibel, oder? Deine sieben Halswirbel machen es möglich!

Großartig, nicht wahr?

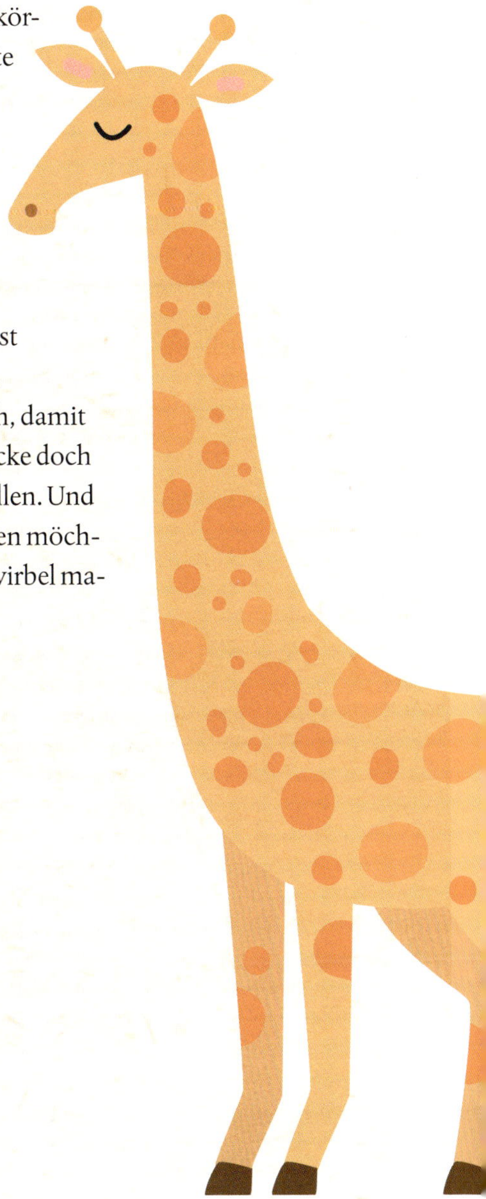

Die Knochen sind das Gerüst deines Körpers und geben ihm Halt und Stabilität. Aber sie schützen auch deine Organe wie beispielsweise die Lunge oder das Herz. Dein Gehirn sitzt ebenfalls unter ganz besonderen Schutzknochen, den Schädelknochen.

Bei deinem Geschwisterchen sind die Schädelknochen allerdings noch nicht so fest zusammengewachsen wie bei dir. Denn bei seiner Geburt muss es ja durch den Geburtskanal von Mama nach draußen auf die Welt gleiten. Diesen Kanal kannst du dir wie eine recht enge Tunnelröhre vorstellen. Damit das Baby dort gut hindurchpasst, können sich seine Schädelknochen bei der Geburt übereinanderschieben. Das ist richtig praktisch, denn so ist sein Kopf nicht ganz so breit und es kommt leichter nach draußen auf die Welt.

Rate einmal, wie viele Knochen das Baby wohl haben wird, wenn es auf die Welt kommt? Stolze 350 Knochen bildet sein Skelett nach der Geburt! Mama und Papa haben mehr als 100 Knochen weniger. Aber keine Angst, die Knochen verschwinden nicht einfach und sie werden auch nicht von Bakterien aufgegessen. Das Geheimnis ist, dass einige Knochen mit der Zeit zusammenwachsen.

Der kleinste Knochen sitzt bei uns Menschen im Ohr und heißt Steigbügel. Er ist wirklich winzig. Nur drei Millimeter ist er groß, also ungefähr wie ein Stecknadelkopf. Der größte Knochen ist unser Oberschenkelknochen. Wenn wir erwachsen sind, dann ist er ungefähr 46 Zentimeter lang. Bis der Oberschenkelknochen des Babys so weit ist, muss es noch viel, viel wachsen. Du wahrscheinlich auch, oder?

Wenn man sich einmal einen Knochen gebrochen hat, braucht man sich übrigens keine Sorgen zu machen. Er wächst wieder zusammen. Das braucht nur etwas Zeit, ungefähr zehn bis zwölf Wochen. Man bekommt dann meistens einen Gips, damit die Knochen genug Ruhe haben, um wieder zu heilen. Hattest du schon einmal einen Gips? Vielleicht kannst du auch Mama und Papa fragen, ob sie sich schon einmal einen Knochen gebrochen haben.

Kennst du den wichtigsten Knochenbaustein? Damit deine Knochen schön stabil und hart sind, brauchen sie etwas ganz Besonderes: Kalzium. Du isst besonders gerne Spinat? Großartig, denn Spinat ist ein besonders guter Kalziumlieferant. Aber es ist auch kein Beinbruch, wenn du dieses grüne Blattgemüse nicht so gerne magst. Dann probier doch mal aus, einen wirklich leckeren Smoothie zuzubereiten. Dafür brauchst du:

- 2 Handvoll Babyspinat (gewaschen, ca. 30 Gramm)
- 2 große Orangen (200 Gramm Saft samt Fruchtfleisch)
- 2 reife Bananen (ca. 200 Gramm)
- Wasser nach Belieben

Du gibst den Babyspinat, den Orangensaft und die Bananen in einen Mixer und pürierst die Zutaten auf höchster Stufe, bis ein cremiger Smoothie entstanden ist. Natürlich kannst du nach Belieben Wasser hinzufügen, so wie du es eben gerne magst.
Wenn du möchtest, dann kannst du die Bananen vorher in Scheiben schneiden und für einige Stunden in das Gefrierfach legen. So wird aus deinem Smoothie nicht nur eine köstliche Kalzium-, sondern auch eine Abkühlungsbombe für heiße Tage!

27. Einmal tief Luft holen, bitte!

Die Lunge ist jetzt bereits mit allen relevanten Anlagen vorhanden, aber es braucht noch Zeit, bis dein Baby selbstständig atmen kann. Die sogenannte Lungenreifung findet im dritten Trimester statt, denn dazu ist ein besonderer Stoff namens Surfacant nötig. Er wird bereits in der 24. Schwangerschaftswoche gebildet, jedoch meist erst in der 35. Schwangerschaftswoche in ausreichender Menge. Dann ist die Lungenreifung abgeschlossen. Die Substanz senkt die Oberflächenspannung der Lungenbläschen, damit sich die Lunge gut entfalten und ihre Funktion zuverlässig aufnehmen kann.

Lieber großer Bruder, liebe große Schwester,

schau dich doch einmal um. Du bist umgeben von Luft, die du so gar nicht sehen kannst. Aber wenn du deine Hand vor deine Nase hältst, merkst du einen leichten, warmen Luftzug. Das ist Atemluft, die beim Ausatmen deinen Körper verlässt.
In Mamas Bauch gibt es leider keine Luft. Um mich herum ist nur schönes warmes Fruchtwasser. Deshalb atmet Mama gerade für mich mit. Sie schickt mir über die Nabelschnur den wichtigen Sauerstoff, den ich zum Leben und Wachsen brauche.
Stell dir vor, auch ich habe nun fertig entwickelte Lungen. Genau wie du, nur ist bei mir alles natürlich noch viel, viel kleiner. Das erste Mal einatmen, wenn ich auf die Welt komme, wird ganz schön anstrengend für mich werden. Hast du schon einmal einen Luftballon aufgeblasen? Genauso viel Kraft werde ich für meinen ersten Atemzug brauchen. Das werde ich aber schon hinkriegen. Du hast das ja auch bei deiner Geburt geschafft.
Ich freue mich schon riesig, dich, Mama und Papa endlich kennenzulernen. Stell dir vor, so lange müssen wir nun gar nicht mehr warten. Dann können wir vielleicht einmal einen Luftanhalte-Wettbewerb machen. Der Weltrekord im Luftanhalten liegt bei unglaublichen elf Minuten und 35 Sekunden. Das ist mal eine lange Zeit,

oder? Wie lange kannst du deine Luft anhalten? Bestimmt kann Mama einmal mitzählen, und ihr könnt dann die Sekunden notieren. Oh, wie gespannt ich bin, wie lange du die Luft anhalten kannst!

Eine dicke Umarmung aus Mamas Bauch sendet dir
dein Geschwisterchen

PS: Übrigens können Pferde nur durch ihre Nüstern atmen. Sie atmen niemals durch ihren Mund. Kannst du durch deinen Mund ein- und ausatmen?

Dass du atmest, fällt dir wahrscheinlich meistens gar nicht auf. Du machst es einfach. In einer Minute atmest du ungefähr zehnmal ein und aus. Einfach so, ohne dass du darüber nachdenken musst. Ist das nicht unglaublich toll?

Vielleicht möchtest du einmal deine Hand auf deinen oder Mamas Bauch legen. Merkst du, wie sich deine oder ihre Bauchdecke immer wieder hebt und senkt? So kannst du deinen Atem sogar spüren.

Willst du noch einmal ganz genau wissen, wie das mit dem Atmen funktioniert? Über unsere Lungen nehmen wir mit der Atemluft den lebenswichtigen Sauerstoff auf, von dem du schon ein paar Mal gehört hast. Sauerstoff ist ein ganz, ganz kleines Teilchen, das in der Luft enthalten ist. Wenn du einatmest, dann strömt die Luft durch deine Luftröhre in die Lungen.

Die Lungen sind ein Organ, die in deinem Brustkorb versteckt sind. Wusstest du, dass du hier zwei Flügel hast? Deine beiden Lungenflügel. Mit ihnen kannst du zwar nicht fliegen, aber durch sie zieht sich ein Geflecht enger Röhren, die man auch Bronchien nennt. Diese Bronchien verzweigen sich wie die Äste eines Baumes. Jeder Bronchienzweig endet in winzigen Bläschen, den Alveolen. Du kannst sie dir wie kleine Weintrauben vorstellen. Ungefähr 300 Millionen hast du davon. Das ist eine Drei mit acht Nullen dran. Schreib diese riesige Zahl doch einmal auf den Strich:

3

Vielleicht fragst du dich jetzt, wozu du diese riesige Menge an Alveolen überhaupt brauchst. Sie sind sehr, sehr wichtig, denn genau an dieser Stelle tritt der Sauerstoff in dein Blut über und kann so im ganzen Körper verteilt werden. Den Sauerstoff brauchst du, um dich zum Beispiel zu bewegen, zu denken oder auch zu wachsen. Also für ziemlich viele lebensnotwendige Dinge.

Und es passiert noch etwas äußerst Wichtiges an diesen Alveolenbläschen. Dein Körper stellt beim Atmen Kohlenstoffdioxid und Wasser her. Das sind Abfallstoffe, die dein Körper nicht mehr braucht. Beides wird zu deinen Lungen transportiert und beim Ausatmen über die Alveolen entsorgt. Deine warme Atemluft, die du am Anfang erspüren konntest, enthält also ganz viel Kohlenstoffdioxid und auch Wasser. Das Wasser kannst du auch spüren, denn wenn du ein paar Atemzüge gegen einen deiner Finger atmest, dann wird er genau von diesem ausgeatmeten Wasser feucht. Probier' es doch einfach gleich mal aus!

Konntest du dir alles merken? Dann hast du bestimmt Lust, ein kleines Quiz zu machen! Keine Sorge, die Lösungen stehen unten auf der nächsten Seite, dann kannst du immer überprüfen, ob du auch richtig gelegen hast! Und wenn du einmal eine Antwort nicht weißt, dann kannst du noch einmal im Text nachlesen!

Wissensquiz für Schlaufüchse

1. Was umgibt dich, obwohl du es nicht sehen kannst?
2. Was umgibt das Baby in Mamas Bauch?
3. Wie lange ist der Weltrekord im Luftanhalten?
4. Können Pferde durch ihren Mund ein- und ausatmen?
5. Wie oft atmest du ungefähr in einer Minute?
6. Durch welche Röhre kommt die Luft in deine Lungen?
7. Wie heißen die Bläschen, die am Ende der Bronchienzweige sitzen?
8. Kannst du dich erinnern, wie viele Alveolen du ungefähr hast?

Super gemacht! Jetzt bist du eine wahre Luft-Lungen-Expertin oder ein wahrer Luft-Lungen-Experte!

Antworten:
1. Luft; **2.** Fruchtwasser; **3.** 11 Minuten, 35 Sekunden; **4.** Nein; **5.** Zehnmal; **6.** Durch die Luftröhre; **7.** Alveolen; **8.** 300.000.000

28. Was passiert eigentlich beim Frauenarzt?

Nun bist du schon im dritten Trimester deiner Schwangerschaft. Wie unglaublich schön! Die kindlichen Herztöne abzuhören, ist jetzt mit einem sogenannten Pinard-Rohr möglich, das 1895 entwickelt wurde. Es braucht Erfahrung, um das Rohr richtig auf dem Bauch zu positionieren. Am besten funktioniert es, wenn es am Rücken des Kindes liegt. Frühestens ab der 18. Schwangerschaftswoche kann es verwendet werden und ist somit eine wunderbare Alternative zum Ultraschall. Zudem macht es eine Menge Spaß, die Herztöne über ein Rohr zu hören. Frage also gerne deine Hebamme, ob sie einmal mit deinem großen Kind mit dem Pinard-Rohr auf Baby-Herztonsuche geht.

Liebe große Schwester, lieber großer Bruder,

heute bin ich schon ganz aufgeregt und möchte dir unbedingt schreiben. Denn vielleicht geht Mama bald zur Kontrolle zum Frauenarzt. Du musst dir keine Sorgen machen, Mama ist nicht krank, nein. In der Arztpraxis wird nur geschaut, ob mit mir alles in Ordnung ist. Vielleicht hast du einmal Lust, Mama zu begleiten.
Soll ich dir erzählen, was in der Praxis alles passiert? Mama darf sich auf eine bequeme Liege legen und dann schiebt sie ihr Oberteil hoch, sodass die Ärztin ihren Bauch gut sehen kann. Dann bekommt Mama eine Art durchsichtigen Wackelpudding auf den Bauch. Jetzt kann eine besondere Untersuchung, die Ultraschall heißt, losgehen.
Dabei fährt die Ärztin mit einem kleinen Gerät, das ein bisschen wie ein Fühler von einem Käfer aussieht, über Mamas Bauch. Mit diesem Gerät kann man durch Mamas Bauchdecke hindurch direkt in die Gebärmutter sehen.
Ist das nicht unglaublich?
Und auf einem kleinen Monitor erscheint ein Bild, auf dem du mich sehen kannst. Ja, du kannst mich richtig sehen! Meinen Körper, meinen Kopf, meine Nase, meine

Lippen, meinen Hals, meinen Bauch, meine Arme und Finger, meine Beine und Zehen. Alles. Ist das nicht unglaublich spannend? Und als Erinnerung bekommt ihr bestimmt auch noch ein Foto von mir. Sehe ich nicht niedlich aus?
Nun, wo du dir ein bisschen mehr vorstellen kannst, wie ich aussehe und was ich in Mamas Bauch so alles mache, höre ich für heute auf mit dem Schreiben.

Ich hoffe, es hat dir beim Frauenarzt gefallen, und ich sende dir eine knuddelige Umarmung!
Dein Geschwisterchen

PS: Bist du schon gespannt darauf, ob du eine Schwester oder einen Bruder bekommst? Es kann sogar sein, dass man beim Ultraschall sehen wird, ob ich ein Mädchen oder ein Junge werde, denn auch das kann man manchmal erkennen. Oder wollt ihr euch vielleicht überraschen lassen?

Wenn du Mama zum Frauenarzt begleitest und du bei der Ultraschalluntersuchung genau hinsiehst, dann kannst du erkennen, wie das Baby sich von Zeit zu Zeit bewegt. Denn oftmals ist es gerade wach, wenn die Ärztin Mama untersucht. Vielleicht zeigt es dir sogar eine richtige Turnübung und bringt sein Knie zur Nase. Kannst du das auch? Versuch' es doch einmal selbst!

Manchmal verschläft dein Geschwisterchen aber auch diesen Moment und dann bewegt es sich kaum. Wenn du ganz viel Glück hast, dann hat es bei der Untersuchung gerade Schluckauf. Dann kannst du richtig sehen, wie das Baby hickst.

Wenn du auf dem Bildschirm eine Art Schlauch entdecken kannst, dann ist das die Nabelschnur, von der du schon so oft gehört hast. Vielleicht hat das Kleine sie gerade zwischen seinen Fingern und spielt mit ihr. Dann kannst du kurz dabei zusehen!

Noch etwas ganz Besonderes kannst du bei der Untersuchung beim Frauenarzt beobachten, nämlich den Herzschlag des Babys. Um ihn zu sehen, drückt die Ärztin beim Ultraschallgerät einen Knopf, und dann erscheinen die Herztöne. Nun kannst du direkt sehen, wie das kleine Herz schlägt. Ganz schön schnell, oder? Wenn Mamas Bauch schon recht rund und das Baby schon viel gewachsen ist, dann werden seine Herztöne beim Frauenarzt mit einem Gerät aufgezeichnet. Aus dem Gerät kommt ein Papier mit vielen lustigen Zacken heraus. Diese Zacken kann die Frauenärztin wie eine Art Geheimschrift lesen und weiß so, dass alles bei deinem Geschwisterchen und mit seinem Herzen in Ordnung ist und es sich gerade pudelwohl fühlt.

Am Schluss der Untersuchung schreibt die Frauenärztin alles, was sie gemessen und gesehen hat, in ein kleines Büchlein. Das ist Mamas Mutterpass. Sie hat ihn schon ganz am Anfang der Schwangerschaft bekommen. Hier stehen alle Ergebnisse der vorherigen Untersuchungen drin. Frag Mama doch einmal, denn als sie mit dir schwanger war, hatte sie auch einen Mutterpass für dich, den du dir bestimmt einmal ansehen willst.

Bestimmt hast du beim Frauenarzt viel erlebt und bist vielleicht sogar noch ein bisschen aufgeregt. Damit du dich immer an diesen besonderen Moment erinnern kannst, hast du unten Platz, um ein paar Dinge aufzuschreiben. Mama und Papa helfen dir bestimmt dabei! Wenn du magst, kannst du sogar am Schluss euren ganz eigenen Kinderpass ausfüllen!

Beim Frauenarzt

Das hat mir besonders gut gefallen:

Daran kann ich mich erinnern:

Das hat die Frauenärztin untersucht:

Den Wackelpudding auf Mamas Bauch durfte ich anfassen:

Das habe ich gar nicht verstanden:

Unser Kinderpass	Baby	Ich
Größe		
Gewicht		
Herzschlag		
Kopfumfang		
Oberschenkelknochenlänge		

29. Muskelspiele

Mit dem menschlichen Bewegungsapparat hat die Natur ein mechanisches Meisterwerk geschaffen, das sich unglaublich flexibel bewegen kann. Das innere Stützgerüst, welches aus Knochen besteht und das Skelett bildet, kann bewegt werden, weil Muskeln die Knochen und Gelenke miteinander verbinden, sich zusammenziehen oder sich entspannen. Dabei arbeiten viele Muskeln von uns paarweise. Während der eine angespannt und verkürzt ist, ist der andere entspannt. Durch dieses feine Zusammenspiel der Muskelkontraktion und -relaxation werden die Knochen bewegt. Den Befehl dafür erhalten die Muskeln von unserem Gehirn. Auch deine Gebärmutter besteht aus Muskeln und wird unter der Geburt kraftvolle Arbeit verrichten.

Lieber großer Bruder, liebe große Schwester,

heute habe ich richtig viel Lust, dir wieder einmal zu schreiben. Kannst du dich noch erinnern, als ich dir von meinen Armen und Beinen erzählt habe? Um etwas mit ihnen machen zu können, brauchen wir Knochen. Stell dir vor, wenn du einen einzigen Schritt machst, dann bewegst du 63 Knochen in deinem Körper. Ganz schön viel, oder?
Damit sich die Knochen überhaupt bewegen lassen, brauchen wir aber noch ganz dringend eines: und zwar unsere Muskeln. Mit sogenannten Sehnen sind sie an den Knochen oder Gelenken festgemacht und können sie so ganz einfach bewegen.
Meine Muskeln werden durch meine Turnübungen in Mamas Bauch immer kräftiger. Denn wenn man viel trainiert, dann wachsen auch die Muskeln praktisch mit. Meine Muskeln sind nun schon so stark, dass ich in Mamas Bauch aufrecht sitzen kann. Ist das nicht eine lustige Vorstellung? Wenn ich auf die Welt komme, dann muss ich viele Bewegungen erst lernen.
Ich kann noch nicht laufen, hüpfen oder krabbeln. Alleine sitzen kann ich auch

noch nicht. Kannst du mir dabei helfen, das alles zu lernen? Mit dir alle diese Bewegungen zu üben, darauf freue ich mich schon sehr!

Bis dahin sende ich dir einen dicken Kuss aus dem Bauch,
dein Geschwisterchen

Mit deinen Gesichtsmuskeln kannst du jede Menge Gefühle ausdrücken. Wenn du richtig böse bist und ein wütendes Gesicht machst, dann strengen sich 54 Muskeln in deinem Gesicht an. Für ein Lächeln arbeiten aber nur 43 Gesichtsmuskeln. Lächeln ist also viel weniger anstrengend, als böse zu gucken. Probier' es doch einfach mal aus!

Wenn das Baby da ist, kann es leider noch nicht lächeln oder lachen. Dafür muss es zuerst seine Gesichtsmuskeln trainieren und fleißig üben. Am besten, du machst immer lustige Sachen für dein Geschwisterchen. Dann strengen sich seine Muskeln an, und es kann dir ganz bald sein allerschönstes, zahnloses Lächeln schenken.

Wusstest du, dass deine Zunge auch ein Muskel ist? Ein sehr starker Muskel sogar. Er hilft dir nicht nur beim Essen, sondern auch beim Schlucken und Sprechen. Weil deine Zunge eben auch ein Muskel ist, kannst du sie genauso trainieren wie deine Beinmuskeln.

Also los, mach beim Zungentraining mit! Hier darfst du deine Zunge einmal ganz lang rausstrecken, jetzt nach oben und unten, links und rechts bewegen. Kommst du mit deiner Zunge an deine Nasenspitze? Kannst du deine Zunge spitz und danach wieder breit machen? Stell dir vor, manche Menschen können ihre Zunge sogar zu einem U rollen, das nennt man Zungenroller. Kannst du das auch?

Du darfst ganz gespannt sein, ob dein Geschwisterchen ein Zungenroller ist oder nicht, denn das ist etwas, das man nicht lernen kann. Wenn es auf der Welt ist, dann müsst ihr das gemeinsam unbedingt erkunden.

Auch du kannst deine Muskeln trainieren und ihnen so helfen, dass sie stark und gesund bleiben. Hast du Lust, ein kleines Bewegungsspiel zu machen? Dafür brauchst du einen Würfel und ein bisschen Platz. Die Augenzahl des Würfels zeigt dir an, welche Turnübung du machen darfst. Auf die Plätze, fertig, los!

1 – Suche dir eine Übung aus und wiederhole sie einmal
2 – Mache 2 Liegestütze
3 – Mache 3 Kniebeugen
4 – Mache 4 Strecksprünge
5 – Mache 5 Hampelmänner
6 – Mache 6 Einbeinsprünge auf jedem Bein

Super! Du bist eine richtige Sportskanone! Vielleicht bist du sogar aus der Puste geraten oder ins Schwitzen gekommen. Bestimmt haben deine Muskeln gerade ein kleines Meisterwerk vollbracht. Schließe kurz deine Augen, atme tief ein und aus und bedanke dich bei deinem Körper, dass er so wunderbar stark und beweglich ist.

Stell dir vor, die berühmteste Zunge im Tierreich besitzt eines der farbenprächtigsten Tiere: Das Chamäleon. Seine Zunge ist zweimal so lang wie es selbst, und da ist der Schwanz tatsächlich mit eingerechnet. Damit ist sie die längste Zunge der Welt. Stell dir vor, du hättest so eine lange Zunge, dann, Schlupps!, könntest du dir aus der Chipstüte neben dir einfach einen Chip herauszungen. Oder aber du klaust dir im Restaurant Spaghetti vom Nachbartisch, nur mit deiner Zunge. Das wäre ein Spaß!

30. Dein Supercomputer – das Gehirn

Wie ein normaler Computer braucht unser Gehirn enorm viel Energie. Absolut wichtig ist, dass wir unseren Supercomputer ab und an ganz herunterfahren, anstatt ihn wie gewöhnlich auf Hochtouren laufen zu lassen oder im Standby-Modus zu halten.

Gerade als Mama zwischen den ganzen Herausforderungen des Alltags ist es besonders wertvoll, abzuschalten, um neue Kraft zu tanken. Finde heraus, was dir guttut, um regelmäßige Gedankenpausen einzulegen. Meditation, Yoga oder ein kreativer Schaffensprozess, alles ist erlaubt. Wenn du hier ein Vorbild bist und Entspannung und Selbstfürsorge vorlebst, hat das Auswirkungen darauf, wie deine Kinder ihr Leben bestreiten. Wenn es dir gut geht, geht es auch deinen Kindern gut! Probiert doch gleich jetzt eine gemeinsame Entspannungstechnik wie das bewusste Ein- und Ausatmen aus und gönnt eurem Supercomputer im Kopf eine Auszeit! Auch dein Baby wird davon profitieren.

Liebe große Schwester, lieber großer Bruder,

wusstest du, dass du in deinem Körper einen Supercomputer hast, der sogar schneller funktioniert als alle Computer auf der Welt? Er sitzt ganz oben unter deinen Schädelknochen: dein Gehirn.
Mein Gehirn entwickelt sich schon von Anfang der Schwangerschaft an immer weiter. Stell dir vor, es wird 25 Jahre brauchen, bis es voll ausgereift ist. Wenn ich auf die Welt komme, ist es noch recht klein und würde viermal in das von Mama hineinpassen. Ich werde am Anfang beispielsweise noch gar nicht laufen können. Zuerst werde ich also viel und oft hinfallen, bis ich es schließlich genauso gut kann wie du. Dass ich Dinge lernen kann und sie nicht gleich wieder vergesse, macht alles mein Gehirn möglich.
Denn immer, wenn ich etwas neu lerne, dann verändert sich auch etwas in meinem

Gehirn. Mein Supercomputer speichert alles ab, was ich im Leben erfahren werde, und lernt sozusagen mit.
Ich freue mich aber schon riesig darauf, ganz viel von dir zu lernen!

Eine Umarmung aus Mamas Bauch sendet dir
dein kleines Geschwisterchen

Dein Gehirn ist für alles zuständig, was du so tust. Es steuert deinen Körper, bewegt deine Muskeln und ist auch dafür da, dass du hören, sehen, schmecken, fühlen und denken kannst.

Dein Gehirn sorgt aber auch dafür, dass dein Herz schlägt und du sprechen kannst. Ein fantastisches Gebilde, das von außen gesehen eigentlich nur grau und faltig ist. Aber schaut man genauer hin, dann verbirgt sich hinter dieser grauen faltigen Masse eine wahre Wundermaschine!

Wusstest du, dass dein Gehirn zu einem sehr großen Teil, nämlich zu 75 Prozent aus Wasser besteht? Ein guter Grund, viel zu trinken. Denn wenn du genug trinkst, dann kann auch dein Supercomputer gut arbeiten. Wie wäre es jetzt gleich mit einem schönen Glas Wasser oder einem Tee, den du zusammen mit Mama oder Papa genießt?

Dein Gehirn besteht aus Milliarden winziger Zellen, den Neuronen. Unglaublich viele, oder? Schreib hinter der Eins auf den Strich insgesamt neun Nullen, dann hast du die Zahl aufgeschrieben.

1

Du kannst dir vorstellen, dass diese speziellen Nervenzellen wie Seetang aussehen. Schau, ich habe dir eine solche Nervenzelle rechts einmal aufgemalt.

Mit den lustigen Verzweigungen ganz oben kann eine Nervenzelle Nachrichten empfangen. Diese Nachricht wird über das lange Axon weitergeleitet und am Ende des Axons an eine benachbarte Nervenzelle weitergegeben. Denn du musst wissen, dass ein Neuron – die Nervenzelle – mit tausend weiteren Neuronen vernetzt ist. Somit werden die Informationen, die ankommen, von einer zur anderen versendet und schließlich verarbeitet. Das ist ungefähr so, als wenn du mit ganz, ganz vielen Freunden Stille Post spielst. Dein Anfangswort wird von Freund zu Freund weitergegeben und kommt schließlich auch bei der letzten Freundin, die weit von dir entfernt sitzt, richtig an.

Dein Gehirn ist in viele unterschiedliche Bereiche aufgeteilt, die alle eine andere Aufgabe haben. Denken kannst du zum Beispiel mit deinem Frontallappen. Der Okzipitallappen hingegen verarbeitet Botschaften aus dem Auge. Eine wichtige Steuerzentrale ist der Thalamus. Er verteilt Botschaften aus dem Körper auf die Bereiche des Gehirns. Ganz schön seltsame klingende Namen, oder?

Das Tolle an unserem Gehirn ist übrigens auch, dass, wenn wir etwas Neues lernen, sich auch neue Verbindungen zwischen den Neuronen bilden. Und wenn du regelmäßig übst, dann festigen sich diese Verbindungen! So hast du als Kind sprechen gelernt, und auch jetzt kommen immer neue Wörter dazu.

Stell dir einmal zweitausend Flaschen Saft vor. So eine riesige Menge an Blut fließt jeden Tag durch dein Gehirn. Denn ohne Blut und den wichtigen Sauerstoff, den es transportiert, kann dein Supercomputer nicht arbeiten.

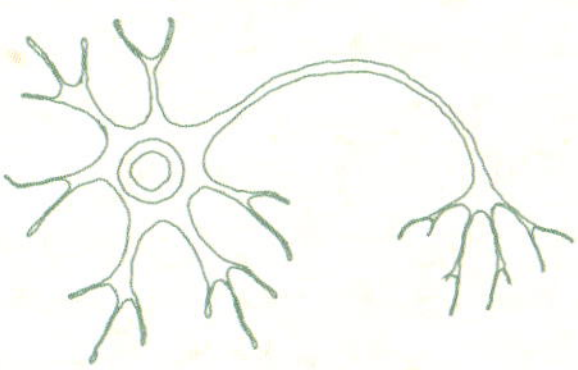

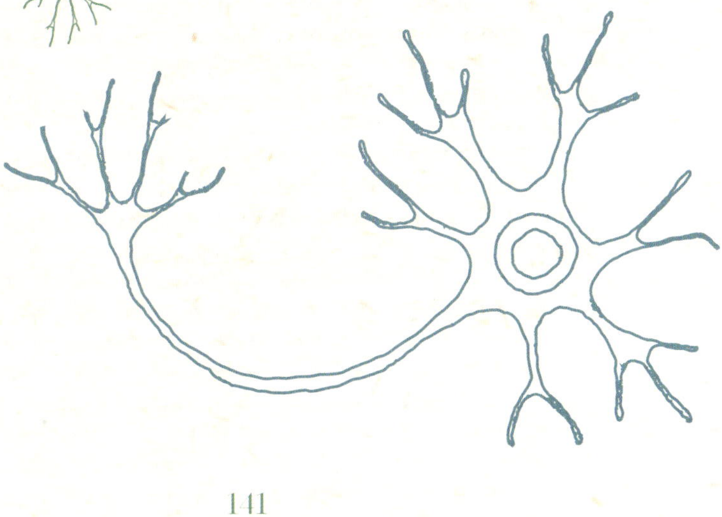

31. Mama und Papa haben uns unglaublich viel lieb!

Vielleicht fragst du dich manchmal, ob du genug Liebe für mehrere Kinder in dir trägst. Du bist eine wunderbare Mama, auch wenn du nicht immer allem gerecht werden wirst. Trotzdem ist dein Herz groß und es strahlt vor Wärme, denn Liebe ist dein ständiger Begleiter.

Spanne in Gedanken einen Herzfaden von deinem Herzen zu dem deines älteren Kindes und vom Herzen deines Kindes zu deinem zurück. Du kannst einen weiteren Faden zum Herzen deines Babys spannen und von dessen Miniherz wieder zu deinem zurück. Wie sind die Fäden gespannt? Locker und elastisch oder fest und starr? Welche Farbe haben die Fäden? Spürst du die Verbindung zwischen euch? Egal, was passiert, sie wird bestehen bleiben. Es ist genug für alle da. Ihr seid miteinander verbunden. In Liebe. Immer!

Lieber großer Bruder, liebe große Schwester,

heute bin ich schon fast sieben Monate in Mamas Bauch. Kannst du dich noch erinnern, als ich nur aus einer Zelle bestanden habe? Und nun bin ich schon so groß geworden. Bestimmt ist Mamas Bauch jetzt kugelrund.
Mittlerweile sehe ich aus wie ein Mensch, nur in Miniaturausgabe. Ich habe ein Gesicht mit Mund, Nase und Augen. Arme und Finger, Beine und Zehen sind mir auch schon gewachsen. Ich habe ein Herz, eine Lunge und auch ein Gehirn. Und eines möchte ich dir heute schreiben, ich freue mich nämlich schon gewaltig auf euch! Ich freue mich auf Mama und Papa und besonders freue ich mich auf dich!
Freut ihr euch denn auch schon auf mich? Ich kann mir vorstellen, dass Mama, Papa und auch du schon ein bisschen aufgeregt sind. Vielleicht überlegt ihr schon, wo ich schlafen soll, wenn ich geboren werde. Werden wir uns ein Zimmer teilen,

oder darf ich erst einmal bei Mama oder Papa schlafen? Oder schlafen wir alle in einem gemeinsamen Bett?
Bis wir eine kleine Familie sind, vergehen nur noch neun Wochen, dann können wir uns endlich sehen und kennenlernen. Ich habe für dich ein großes Herz gemalt, weil ich dich jetzt schon unendlich lieb habe.

Ich sende dir eine dicke Umarmung aus Mamas Bauch!
Dein Geschwisterchen

Vielleicht habt ihr euch schon Gedanken darüber gemacht, was dein Geschwisterchen nach der Geburt alles brauchen könnte, und habt schon ein paar Babyspielsachen bereitgelegt. Vielleicht eine Rassel oder eine Spieluhr? Frag doch einmal Mama, was du als Baby für Spielsachen gehabt und mit was du dich am liebsten beschäftigt hast. Und vielleicht könnt ihr irgendwann gemeinsam damit spielen!

Oder aber ihr habt schon ein paar Babybodys besorgt. Sind sie nicht winzig? Vielleicht kannst du dir vorstellen, wie klein das Baby am Anfang noch sein wird. Auch du bist einmal so klein gewesen. Vielleicht darf dein Geschwisterchen ja sogar deine Anziehsachen haben? Das fände es sicher sehr fein.

Vielleicht hast du noch mehr Ideen, was das Baby nach der Geburt alles brauchen kann. Schreib ihm doch auch einfach einen Brief mit allem, was dir einfällt. Denn genau wie du bekommt auch dein Geschwisterchen gerne Post!

Kannst du dir denken, warum bei der Babyausstattung besonders ein Tragetuch für dein Geschwisterchen wichtig sein könnte? Am Anfang möchte das Baby vielleicht ganz viel Zeit darin verbringen. Denn im Tragetuch ist es ein bisschen wie in Mamas Bauch: schön warm und kuschelig, leise und auch angenehm dunkel.

Das macht es deinem Geschwisterchen etwas einfacher, sich an die Welt zu gewöhnen. Denn wenn es geboren wird, dann ist plötzlich alles so hell und laut und auch kalt. Das Baby muss seine Umgebung erst einmal kennenlernen und möchte wahrscheinlich an dem Ort sein, den es schon am besten und auch am längsten kennt. Nämlich bei Mama. Bestimmt wird sie das Baby viel umhertragen und auch viel Zeit mit ihm verbringen, denn es braucht noch ganz viel Hilfe bei fast allem.

Aber du brauchst dir keine Sorgen zu machen, dass Mama dich dann auf einmal nicht mehr lieb hat. Du und auch dein Geschwisterchen, ihr seid beide ihre Kinder und sie hat euch gleich viel lieb. Egal, was auch passieren wird, du kannst dich immer auf sie verlassen. Genau wie dein Geschwisterchen sich auch auf sie verlassen kann. Sie wird mit euch beiden spielen, euch vorlesen, mit euch kuscheln und euch trösten, wenn es euch mal nicht gut geht. Sie wird mit euch lachen und auch mal Quatsch machen. Es ist eure Mama, die euch beide sehr, sehr lieb hat.

Und genauso ist es mit Papa. Er hat euch beide auch gleich viel lieb. Egal, was passiert. Vielleicht erinnerst du dich an das Kerzenexperiment (siehe Seite 52), das wir in der achten Woche zusammen gemacht haben. Liebe wird nicht weniger. Im Gegenteil, sie wird immer mehr!

32. Mein Magen muss noch viel lernen – die Verdauung

Essen liefert Energie. Der Körper braucht Kraftstoff, um zu wachsen, aktiv zu sein oder auch, um sich selbst zu reparieren. Die Energie, die wir aus dem Essen bekommen, wird in Kalorien gemessen. Eiweiß, Fett, Kohlenhydrate und Wasser, das sind die Nährstoffe, die in Lebensmitteln in unterschiedlicher Zusammensetzung enthalten sind und deren Kaloriengehalt bestimmen.

Ein Apfel hat zum Beispiel 47 Kalorien. Würde man mit dieser Energie laufen gehen, könnte man einen Kilometer schaffen. Hingegen hat eine Scheibe Brot 85 Kalorien, und man würde es auf knappe zwei Kilometer bringen. Ein 32 Gramm schweres Stück Schokolade hat 186 Kalorien, die enthaltene Energie reicht für fast vier Kilometer. 50 Gramm Erdnüsse weisen 295 Kalorien auf, das ergibt sechs Kilometer laufen. Ein spannender Zusammenhang, den ihr einmal gemeinsam untersuchen könnt.

Liebe große Schwester, lieber großer Bruder,

du erinnerst dich sicher noch, dass es hier in Mamas Bauch noch kein festes Essen gibt wie bei dir. Über die Nabelschnur werde ich von Mama aber gut versorgt. Wenn ich geboren bin, dann kennt mein Magen in meinem Bauch also noch gar nicht viel. Er muss sich am Anfang erst einmal an die Milch gewöhnen, die ich bei Mama oder aus dem Fläschchen trinke.

Schlucken jedenfalls übe ich schon jetzt mit dem Fruchtwasser. Dieses tägliche Schlucktraining wird mir helfen, wenn ich auf die Welt komme, denn Mamas Milch muss ich auch herunterschlucken. Sonst kommen die wertvollen Inhaltsstoffe, die ich zum Wachsen brauche, nicht in meinen Körper hinein.

In meinem nächsten Brief erzähle ich dir, wie das mit dem Pupsen eigentlich funktioniert und was dahintersteckt.

Bis dahin eine dicke Umarmung aus Mamas Bauch!
Dein Geschwisterchen

Es wird am Anfang eine ganze Weile dauern, bis der Bauch und der Magen des Babys alle Stoffe und Nahrungsmittel kennengelernt haben. Noch kennt dein Geschwisterchen ja nur das Fruchtwasser! Sich an alles zu gewöhnen, kann manchmal auch ganz schön anstrengend werden.

Am Anfang hat dein Geschwisterchen deswegen vielleicht auch mal Bauchschmerzen oder muss ganz viel pupsen. Mit der Zeit wird es aber immer besser werden, weil dann auch sein Magen besser arbeitet.

Du kannst ja einmal Mama fragen, wie das bei dir am Anfang gewesen ist!

Dein Körper braucht Nahrung, um gesund zu bleiben. In der Nahrung sind viele nützliche Stoffe enthalten, die du brauchst, um Energie zu erzeugen, zu wachsen und auch, um Schäden an deinem Körper zu reparieren. Doch wie kommt der Körper an die Nährstoffe aus dem Brot oder dem Gemüse, das du isst, heran?

Du musst wissen, dass der Abbau der Nahrung bis zu den Nährstoffen, die dein Körper braucht, Verdauung heißt.

Wenn du ein Stück Brot abbeißt, dann helfen schon deine Zähne dabei, diesen Bissen zu zerkleinern. Das passiert vor allem, wenn die vorderen und hinteren Backenzähne die Nahrung kauen und dabei zermahlen.

Wenn du schluckst, rutscht der Bissen wie auf einer Achterbahn durch deinen Körper. Als Erstes gelangt er in die Speiseröhre. Dort wird er nach unten gepresst, bis er schließlich in deinem Magen ankommt. Hier wird der Bissen mit der Nahrung aus vielen weiteren Bissen zusammengeknetet. Das machen die Muskeln deines Magens, und die sind ganz schön kräftig. Im Magen entsteht ein dicker, suppiger Nahrungsbrei.

Die Nahrung bleibt ungefähr drei bis sechs Stunden in deinem Magen. Hier wird nicht nur geknetet, nein, der Magen stellt auch die sogenannten Verdauungssäfte her. Sie sind eine Mischung aus Säure und winzigen Zerkleinerungshelfern, die man Verdauungsenzyme nennt. Durch sie löst sich die Nahrung in ihre Bestandteile auf.

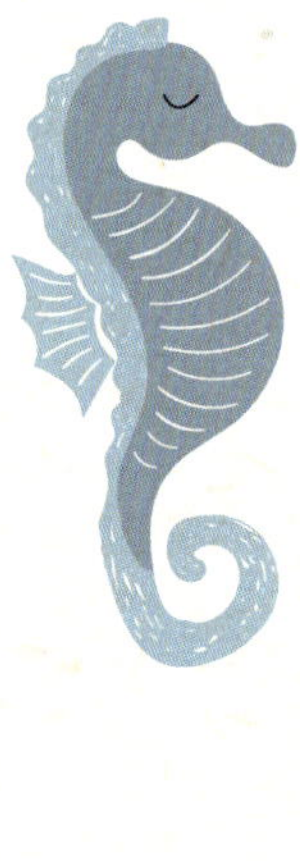

Blätter doch gerne noch einmal auf die Seite 76. Dort kannst auf der Zeichnung bestimmt viel entdecken, was du jetzt schon kennst.

Wusstest du, dass Seepferdchen und Schnabeltiere gar keinen Magen haben und dass deine Magenwände ebenfalls rot werden, wenn du errötest? Eine lustige Vorstellung, findest du nicht auch?

33. Wie entsteht eigentlich dein Pups?

Trial and Error ist ein Vorgehen, das du ausprobieren kannst, wenn deinem Baby vor allem am Anfang Bauchweh zu schaffen macht. Untersuchungen zeigen, dass es wahrscheinlich keine Rolle spielt, was du als Mama isst. Aber wenn du dich damit besser fühlst, teste aus, welche Lebensmittel euch guttun.

Versuche doch auch einmal, dein Baby abzuhalten. Babys sind von Natur aus sehr reinlich, und manchmal hält sie die Windel direkt vor ihrem After davon ab, sich entspannt zu entleeren. Deshalb pinkelt auch so manches Baby sofort los, wenn es ausgezogen wird und es untenrum Frischluft verspürt. Abhalten ist ein uraltes Prinzip und braucht nicht viel außer Beobachtungsgabe und Intuition, denn dein Baby teilt dir mit, wann es mal muss. Und auch das große Geschwisterkind wird stolz erzählen, dass sein Baby schon ins Töpfchen macht!

Lieber großer Bruder, liebe große Schwester,

in einer Sache bist du bestimmt auch Weltmeister. Im Pupsen, oder?
Wenn ich auf die Welt komme, dann bin ich auch schon ein richtiger Pupsweltmeister. Doch am Anfang fällt es mir manchmal gar nicht so leicht, die Luft im Bauch einfach rauszulassen. Dann sitzt mir der Pups quer, und es kann auch schon einmal sein, dass ich dann Bauchweh habe und ganz schön quengelig werde.
Weißt du, was mir da richtig gut hilft? Wenn du mir mit ein bisschen Öl meinen Bauch massierst. Das ist gar nicht schwer und tut mir unglaublich gut. Vielleicht kannst du an Mamas Bauch schon einmal massieren üben. Das merke ich sogar hier im Bauch und fühle mich dabei ganz pudelwohl.

Ganz liebe Grüße aus Mamas Bauch und einen dicken Kuss von deinem Geschwisterchen

Bewegung tut dem Bauch gut. Gerade wenn hier viel Luft drin ist und es so ordentlich rumpelt. Vielleicht hast du das auch schon einmal erlebt. Du fühlst, dass du pupsen musst, aber der Pups will noch nicht so ganz heraus. Dann versuche doch einmal, eine Runde Fahrrad zu fahren. Nicht auf einem echten Fahrrad, sondern du fährst mit deinen Beinen in der Luft. Dafür kannst du dich auf deinen Rücken legen. Dann streckst du deine Beine in die Höhe und stellst dir vor, dass du in die Pedale deines Luftfahrrads trittst. Deine Beine machen dann eine kreisende Bewegung. Das massiert deinen Bauch, den Magen und den Darm, und der Pups wandert so ein Stückchen weiter Richtung Popoloch. Und wenn du eine Weile Luftfahrrad gefahren bist, dann kannst du ihn vielleicht mit einem feinen Pupsgeräusch aus deinem Körper fahren lassen.

Auch beim Baby funktioniert das supergut. Natürlich kann es selbst noch nicht Luftfahrrad fahren, aber gemeinsam mit Mama oder Papa kannst du ihm helfen, die kreisende Bewegung mit den Beinen zu machen.

Letzte Woche hast du erfahren, wie deine Nahrung von deinen Backenzähnen zermahlen wird, über deine Speiseröhre in den Magen rutscht und hier zerkleinert wird. Aber die Reise des abgebissenen Brotes ist noch nicht zu Ende. Denn von hier gelangt der Nahrungsbrei weiter in deinen Dünndarm.

Dein Dünndarm ist ein langer, langer Schlauch. Wenn du erwachsen bist, ist er ungefähr sechs Meter lang und faltet sich in deinem Bauch hin und her. Aber das Geheimnis des Dünndarms liegt nicht nur in seiner Länge. Wenn man einmal genau hinsieht, dann stülpen sich von seiner Wand winzige Fortsätze in den Innenraum hinein. Diese winzigen Fortsätze sehen aus wie Finger. Die großen heißen *Villi* und die kleineren *Mikrovilli*. Diese Finger nehmen die Nährstoffe auf und transportieren sie ins Blut. Fantastisch, oder?

Wenn der Nahrungsbrei die sechs Meter Dünndarm durchwandert hat, dann kommt er in den etwas kürzeren Dickdarm. Hier werden Wasser und weitere Nährstoffe herausgezogen. So gelangt alles, was dein Körper braucht, aus der Nahrung ins Blut und kann von dort zu den Stellen transportiert werden, an denen die Nährstoffe gebraucht werden.

Trotzdem bleibt noch ein unverdaulicher Rest übrig. Dieser kommt dann als Kacka aus deinem Popo heraus. Das überschüssige Wasser wird in deiner Blase gesammelt und als Pipi ausgeschieden.

Aber woher kommt nun eigentlich der Pups? Du musst wissen, dass sich von den Nahrungsresten im Dickdarm ungefähr 200 unterschiedliche Bakterienarten ernähren. Sie heißen zum Beispiel *Lactobacillus* und *Streptococcus*. Wunderliche Namen, oder? So möchte ich auf jeden Fall nicht heißen!

Aber obwohl es Bakterien sind, sind sie gar nicht gefährlich, sondern sogar sehr nützlich. Allerdings erzeugen sie auch Gase. Und dieses Gas kommt als Pups aus unserem Körper heraus. Auch wenn Erwachsene es nicht sehr schön finden, so muss jeder Mensch am Tag ungefähr 14-mal pupsen.

Ein Pups kann manchmal ganz schön stinken. Trotzdem ist es super, dass wir das Gas aus dem Bauch loswerden können. Denn stell dir doch einmal vor, das ganze Gas von den Bakterien würde im Bauch bleiben. Dann wären wir alle kugelrund und hätten zudem noch dolles Bauchweh.

Wusstest du, dass der große Pottwal den längsten Darm aller Tiere hat? Bis zu 24-mal so lang wie das Tier selbst ist sein Darm, und die »Verdauungsstrecke« kann 650 Meter lang werden. Du müsstest also siebenmal am Rand eines Fußballfelds entlanglaufen, um die gleiche Meteranzahl zu schaffen.

34. Ich packe meinen Koffer und nehme mit ...

Was brauchst du, damit du dich an einem Ort so richtig wohlfühlst? Atmosphäre spielt unter der Geburt eine wichtige Rolle. Dabei ist alles gemeint, womit du es dir in deiner Gebärhöhle richtig gemütlich machen kannst. Was fühlt sich gut an? Was riecht gut? Was hört sich gut an? Mixe doch deine ganz eigene Offline-Geburts-Liederliste, die dich mit den richtigen Klängen versorgt. Ganz unterschiedliche Genres können hier vertreten sein. Entspannende Musiktitel oder Technobeats, alles ist super. Vielleicht wird der Zeitpunkt kommen, wo du unter der Geburt entweder richtig abrocken möchtest oder dich tief zurückgezogen auf deinem Geburtsplaneten entspannst. Höre die Lieder doch einmal mit deinem großen Kind und frage es, welche Songs vielleicht aus seiner Sicht noch fehlen! Tanzt, singt und habt gemeinsam Spaß!

Liebe große Schwester, lieber großer Bruder,

nun sind es nur noch wenige Wochen bis zu meiner Geburt, und ihr seid als Familie sicher schon dabei, euch vorzubereiten und alles gut zu überlegen.

Wenn die Geburt losgeht, dann wird Mama bestimmt mit Papa zusammen in die Geburtsklinik oder ins Geburtshaus fahren. Oder darf ich zu Hause auf die Welt kommen? Du kannst Mama einmal fragen, wer in der Zeit der Geburt auf dich aufpassen soll. Vielleicht Oma und Opa, Tante oder Onkel oder eine liebe Freundin. Du musst dich auf jeden Fall nicht sorgen, denn du wirst auf keinen Fall alleine sein, während ich auf die Welt komme.

Damit Mama in der Geburtsklinik auch nichts fehlt, fängt sie vielleicht schon an, eine Kliniktasche zu packen, die ab jetzt immer griffbereit ist.

Das ist auch richtig praktisch, denn wenn die Geburt losgeht, dann braucht Mama nicht erst anzufangen, ihre Sachen zusammenzusuchen. Sie kann dann ganz in Ruhe ihren Koffer nehmen, braucht nur noch in ihre Schuhe zu schlüpfen, und los geht's.

Alles wird so aufregend werden, wenn ich auf die Welt komme.
Ich bin schon riesig gespannt und freue mich auf das Abenteuer Leben mit dir,
mit Mama und mit Papa. Wir werden eine kleine Familie werden!

Bis dahin drücke ich dich liebevoll aus dem Bauch!
Dein Geschwisterchen

Mama packt in ihren Koffer für das Geburtshaus oder die Klinik all die Dinge hinein, die sie auch zu Hause braucht, um sich richtig wohlzufühlen. Sie sucht bestimmt bequeme Anziehsachen heraus, Schlafanzug und Hausschuhe. Aber bestimmt braucht sie auch eine Zahnbürste, Zahnpasta, Shampoo und andere Dinge aus dem Bad. Vielleicht nimmt sie auch ein Notizbuch oder etwas zum Schreiben mit.

Mama und Papa müssen aber auch an wichtige Unterlagen denken. Zum Beispiel darf der Mutterpass nicht fehlen, denn hier stehen viele Informationen über das Baby und auch über Mama drin.

Eines ist noch ganz besonders wichtig. Bestimmt möchten Mama, Papa und du die Anziehsachen heraussuchen, die das Baby auf dem Nachhauseweg aus der Klinik anziehen darf. Bestimmt braucht es einen Babybody, Söckchen, Strampler und vielleicht eine kuschelige Babydecke, was meinst du?

Vielleicht habt ihr auch schon Anziehsachen für dein Geschwisterchen bereitgelegt, oder ihr seid zusammen für das Baby einkaufen gewesen. Oder aber du gibst ihm deine Babysachen, die dir natürlich jetzt schon viel zu klein geworden sind. Vielleicht hat Mama deinen ersten Body aufgehoben? Dass du dort mal hineingepasst hast! Unglaublich, oder? Aber für dein Geschwisterchen wird es die perfekte Größe sein. Nicht zu groß und nicht zu klein. Genau richtig! Wenn du Lust hast, dann such doch mit Mama gemeinsam die ersten Klamotten für das Baby aus und leg sie auch in die Tasche hinein.

Hier ist ein Spiel, mit dem ihr richtig ins Nachdenken kommt und garantiert nichts vergesst: »Ich packe meinen Koffer und nehme mit…« Vielleicht habt ihr Lust, das einmal gemeinsam zu spielen und an alle Sachen zu denken, die in die Kliniktasche mit hineinkönnen. Das wird bestimmt ein Spaß!

Wenn Mama ihre Kliniktasche packt und du ihr dabei hilfst, kannst du vielleicht überlegen, ob auch du etwas ganz Persönliches von dir zu den Sachen legen möchtest. Etwas, was sie bei der Geburt bei sich haben kann.

Oder aber dir fällt etwas ein, was du ihr für das Baby mitgeben möchtest. Vielleicht hast du Lust, ein Bild zu malen, oder du gibst ihr ein Kuscheltier mit. Dann haben Mama und dein Geschwisterchen in der Klinik immer etwas von dir.

35. Was glaubst du, kann ich schon einen Kopfstand?

Dein Baby ist ein kompetentes, kleines Wesen und hat seinen ganz eigenen Fahrplan. Darauf darfst du absolut vertrauen, auch bei der Drehung in die Kopflage. Mache dir bewusst, dass der Kopf deines Babys der schwerste Teil des Körpers ist und sich dein Baby auch unterstützt durch die Gravitationskraft am Ende der Schwangerschaft drehen wird. Du kannst deinem Baby helfen, indem du regelmäßig deinen Bauch entspannst. Dadurch wird die Bauchdecke ganz weich, und dein Baby hat ausreichend Platz. Nicht von ungefähr drehen sich viele Babys nachts, da hier meistens von selbst eine Entspannung des Körpers stattfindet.

Male doch einmal mit deinem großen Kind das Baby, wie es sich optimal auf dem Kopf stehend in die Konturen deiner Gebärmutter angeschmiegt anpasst und ganz entspannt auf den großen Tag wartet. Diese Visualisierung wirkt sich positiv aus!

Lieber großer Bruder, liebe große Schwester,

nun bin ich schon fast so groß wie ein Kürbis. Toll, oder? Aber bis ich auf die Welt komme, wachse ich noch einmal ordentlich. Ja, ich verdoppele sogar noch einmal mein gesamtes Gewicht!

Stell dir vor, wenn ich geboren werde, dann rutsche ich vermutlich mit dem Köpfchen zuerst auf die Welt. Und weil es hier in Mamas Bauch auch langsam eng wird und ich für meine Turnübungen gar nicht mehr so viel Platz habe, drehe ich meinen Körper in der nächsten Zeit, sodass ich quasi auf dem Kopf stehe. Ich rutsche dann ganz tief nach unten in Mamas Becken, und auch ihr Bauch wird dann ein Stückchen tiefer sitzen.

So umgedreht auf dem Kopf stehend, warte ich nun auf den großen Tag.

Kannst du auch einen Kopfstand machen? Dann kannst du dir vorstellen, wie ich in Mamas Bauch gerade liege.
Gerade habe ich ganz viel Zeit, um mich auszuruhen und zu träumen. Ach, ich träume von der Welt außerhalb von Mamas geschütztem Bauch. Ich träume von Papa, von Mama und auch von dir. Wie schön wird es sein, wenn ich euch alle endlich, endlich sehen kann.

Bis dahin wachse ich noch ein bisschen und sende dir einen dicken Kuss aus dem Melonenbauch!
Dein Geschwisterchen

Wenn du jetzt wirklich auch einen Kopfstand machst, schau einmal: Bei seinem Kopfstand ist das Baby nicht so ausgestreckt wie du bei deinem. Stattdessen macht es sich ganz klein und kompakt. Es zieht Beine und Arme zu sich heran und seinen Kopf zu seiner Brust. Ein winziges Päckchen faltet sich so aus ihm. Mach dich doch auch einmal so klein, wie du nur kannst!

Jetzt kannst du Mamas Bauch förmlich beim Wachsen zusehen. Vielleicht habt ihr beide Lust, einmal ein Zentimeterband zu holen und den Bauchumfang zu messen? Wiederholt das in zwei Wochen noch einmal, und ihr werdet feststellen, dass er noch einmal größer geworden ist und das Baby gewachsen ist.

Hier kannst du den gemessenen Bauchumfang eintragen:

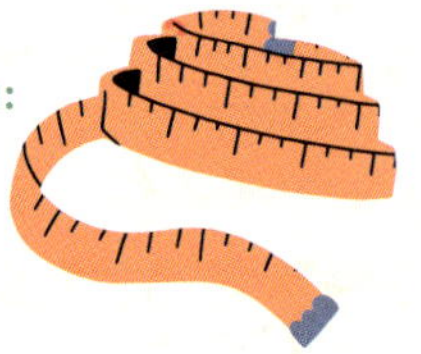

Datum: ______________________

Bauchumfang Mama: ________ cm   Bauchumfang du: ________ cm

Datum: ______________________

Bauchumfang Mama: ________ cm   Bauchumfang du: ________ cm

Datum: ______________________

Bauchumfang Mama: ________ cm   Bauchumfang du: ________ cm

Da der Bauch immer größer wird, dehnt sich auch Mamas Haut an dieser Stelle besonders. Vielleicht hast du Lust, einmal ihren Bauch mit Öl einzucremen, sodass er ganz geschmeidig wird. Du hilfst ihrer Haut, nicht trocken und rissig zu werden. Außerdem spürt dein Geschwisterchen diese sanfte Berührung von dir und freut sich besonders darüber. Und vielleicht möchtest auch du eine kleine Bauchmassage von Mama oder Papa genießen.

Ist dir auch schon aufgefallen, dass Mama ganz lustig geht? Es sieht so ein bisschen aus, als ob sie wie eine Ente watschelt, oder? Das liegt auch daran, dass durch das Gewicht des Babys ihr Körper ganz anders ausgerichtet ist als vor der Schwangerschaft. Noch dazu sitzt dein Geschwisterchen mit seinem Köpfchen vielleicht schon ganz fest in ihrem Becken. Auch das verändert ihre Beweglichkeit und hat Auswirkungen darauf, wie Mama laufen kann. Vielleicht könnt ihr beide nebeneinander mal so watscheln wie Enten. Dann seid ihr eine richtig kleine Entenfamilie! Das sieht bestimmt urkomisch aus!

Als Ente kann man auch nicht besonders schnell laufen, oder? Das fällt Mama jetzt vielleicht auch schon etwas schwerer. Stell dir doch einmal vor, du müsstest eine lange Strecke mit einer Wassermelone unter deinem Pullover ganz schnell laufen. Dann würdest auch du ganz schön aus der Puste kommen, stimmt's? Wenn du mit Mama unterwegs bist, dann könnt ihr ja gemeinsam alles ganz langsam machen. So wird es auch für Mama nicht zu anstrengend. Ab und an könnt ihr auch einfach eine gemeinsame Pause einlegen. Dann kann Mama sich gut ausruhen.

36. Wie dein Körper dir hilft, gesund zu bleiben

Damit dein Baby nach der Geburt optimal vor Infektionen der Atemwege und des Magen-Darm-Trakts sowie gegen Viruserkrankungen geschützt ist, wird es von dir die gesamte Schwangerschaft über mit Antikörpern versorgt. Diese werden von deinem Blutkreislauf über die Plazenta zu deinem Baby transportiert. Doch auch dein Baby beginnt eigene Abwehrkräfte zu entwickeln, ist das nicht unglaublich? Die Natur hat für alles gesorgt, und so kannst du ganz beruhigt sein, denn es ist optimal geschützt. Wenn du nach der Geburt stillen möchtest, dann erhält dein Baby über die Muttermilch einen weiteren Antikörper-Schutz-Cocktail.

Liebe große Schwester, lieber großer Bruder,

bestimmt hattest du schon einmal eine Erkältung, Husten oder Fieber, oder? Aber woher kommt es eigentlich, dass man sich manchmal so krank und schlapp fühlt? Du musst wissen, um uns herum schwirrt es nur so von unangenehmen Mikroorganismen. Sie greifen deinen Körper von außen an und wenn sie in ihn hineingelangen, verursachen sie Krankheiten. Diese Krankmacher werden Keime genannt.
Hier in Mamas Bauch kann ich noch gar nicht wirklich mit Keimen und Krankmachern in Berührung kommen. Trotzdem bin ich schon gut geschützt, denn während der ganzen Schwangerschaft hat Mama über die Nabelschnur nicht nur wichtige Nährstoffe an mich abgegeben, sondern auch Antikörper. Das sind winzige Zellen, die gegen die Keime kämpfen und mich vor Krankheiten schützen, wenn ich auf die Welt komme.
Ziemlich spannend, oder? Wenn ich auf der Welt bin, dann können wir noch weiter dazu forschen.

Bis dahin schicke ich dir die liebsten Grüße aus Mamas Bauch!
Dein Geschwisterchen

Bestimmt weißt du auch schon, dass Mama dein Geschwisterchen nach der Geburt stillt, wenn sie es möchte und alles klappt. Das Baby trinkt dann Milch aus ihrer Brust. Das Tolle ist, dass diese nicht nur seinen Durst stillt und es satt macht. In Mamas Milch sind auch Antikörper enthalten, die das Baby gut gegen Keime in der Umwelt schützen. Die kleinen Antikörper passen sich an die Krankmacher an, die direkt um uns herum sind, und kämpfen gegen sie. Das Baby kann sich gegen die Keime mit der Zeit immer besser wehren, und so brauchst du dir keine Sorgen um es zu machen.

Was sind das genau für krankmachende Keime, gegen die sich dein Körper wehren muss? Oft sind es Bakterien, winzige Mikroorganismen, die man nur unter einem Mikroskop sehen kann. Sie kommen in ganz unterschiedlicher Form und Größe vor, aber sie haben alle eine Gemeinsamkeit: Sie vermehren sich rasend schnell. So teilen sie sich alle zwanzig Minuten einmal und werden unter guten Bedingungen immer, immer mehr. Sie geben dann Gifte an den Körper ab, und diese Gifte verursachen Krankheiten.

Nicht nur Bakterien können uns krank machen, sondern auch Viren. Sie sind noch einmal viel, viel kleiner als Bakterien, aber auch sie gibt es in ganz unterschiedlichen Formen. Sie vermehren sich allerdings innerhalb von Körperzellen und schädigen und zerstören die Zelle. Danach greifen sie weitere Zellen an. Ganz schön fies, oder?

Aber dein Körper ist eine Wundermaschine und einfach so, ohne sich zu wehren, lässt er sich das natürlich von diesen bösen Keimen nicht gefallen. Du bist gut gerüstet: Du hast feine Härchen in deiner Nase, die deine Atemluft filtern. Viele Krankheitserreger werden so einfach weggefischt und haben gar keine Chance, in deinen Körper einzudringen.

Gelingt es den Erregern aber doch, sich einzuschmuggeln, dann gibt es ein Heer von Abwehrzellen, das sich auf sie stürzt, um sie zu zerstören. Die weißen Blutkörperchen zum Beispiel bekämpfen Eindringlinge wie Viren und Bakterien. Sie bilden Antikörper, die die Keime angreifen.

Dein Körper stellt aber auch Gegengifte her, um die Bakteriengifte unschädlich zu machen. Stell dir vor, es gibt in deinem Körper sogar Fresszellen, die deinem Körper ebenfalls helfen, gesund zu bleiben. Sie fressen, wie ihr Name schon sagt, die Keime einfach auf.

Eine Sache ist noch ganz wichtig. In deinem Körper gibt es jede Menge Gedächtniszellen. Sie merken sich, wie der Eindringling aussieht. Wenn genau dieser Keim deinen Körper noch einmal angreift, können sie ganz schnell die richtige Abwehr starten und blitzschnell anfangen zu kämpfen.

All das gehört zu deinem Immunsystem. So heißt deine körpereigene Abwehr gegen Keime. Dein Geschwisterchen ist in Mamas Bauch gerade fleißig dabei, ein solches Immunsystem zu entwickeln. Es funktioniert schon recht gut, wenn das Baby auf die Welt kommt!

Wusstest du, dass ungefähr 1.400 verschiedene Bakterienarten in deinem Bauchnabel leben? Aber das sind gute Bakterien, denn nicht alle Bakterien machen krank. Einige sind sogar sehr, sehr wichtig für uns, und ohne sie könnten wir nicht überleben. Fällt dir eine Stelle im Körper ein, wo das so ist? Ein kleiner Tipp: Könnte es auf der Haut sein? Oder auch im Darm?

37. Vom Streiten und sich wieder Vertragen

Von Natur aus sind wir Menschen harmoniebedürftig. Dabei kann es durchaus sein, dass es eine große Herausforderung ist, Streit und Auseinandersetzungen auszuhalten. Gerade im Familiengefüge gehört Streit mit dazu und ist nicht per se etwas Schlechtes. Vielleicht könnt ihr als Familie gemeinsam Regeln erarbeiten, wie ihr miteinander streiten wollt. Dazu kann zum Beispiel zählen, dass jedes Mitglied ernst genommen und angehört wird, dass Schimpfwörter tabu sind und man Entschuldigungen annimmt. Eine Streitkultur zu etablieren und Streitigkeiten als Chance anzusehen, kann besonders in Hinblick auf die Veränderungen, die ein neues Familienmitglied bedeutet, wichtig sein.

Lieber großer Bruder, liebe große Schwester,

stell dir vor, es dauert nun gar nicht mehr lange, dann komme ich auf die Welt. Und gerade stelle ich mir vor, was wir alles gemeinsam machen werden. Wir können zusammen spielen, Grimassen ziehen, uns einen Kuss geben, Quatsch machen und gemeinsam die ganze Welt erkunden.
Bestimmt werden wir beide uns auch einmal streiten. Am Anfang vielleicht noch nicht ganz so viel. Wenn ich aber älter werde und schon viel gelernt habe, dann möchte ich vielleicht auch einmal ausgerechnet das Spielzeug haben, mit dem du gerade spielst. Das ist aber gar nicht weiter schlimm. Ganz wichtig ist, dass wir zusammen eine Lösung finden. Was fällt dir ein, wie wir das lösen könnten?
Ich hätte die Idee, dass wir uns zum Beispiel mit dem Spielzeug einfach abwechseln. Oder aber wir erfinden ein neues Spiel, in dem wir beide gleichzeitig damit spielen können.
Ganz egal, was auch passieren mag, das Wichtigste am Streiten ist, dass man sich am Ende wieder verträgt. Und ganz egal, wie sehr wir uns auch streiten, ich werde dich immer lieb haben und zu dir stehen.

Genauso ist das mit Mama und Papa. Die beiden werden uns immer lieb haben. Dich und auch mich. Gleich viel!

Ich sende dir liebe Grüße aus dem Bauch und kann es fast gar nicht mehr erwarten, bis wir uns endlich kennenlernen.
Dein Geschwisterchen

Probier' doch einfach mal mit Mama oder Papa in einem Rollenspiel aus, wie es ist, einen Streit zu spielen. Stellt euch zum Beispiel vor, ihr wollt alle das gleiche Stück Kuchen haben, denn genau das ist das größte und hat außerdem noch die meisten Schokostreusel obendrauf. Oder ihr plant einen Ausflug, und jeder will woandershin: Du auf den Spielplatz, Mama möchte Rad fahren und Papa ins Museum. Was passiert, wenn ihr euch nun darüber unterhaltet? Streitet ihr vielleicht sogar? Wie fühlt sich das für dich an? Was kann es für eine Lösung geben, damit ihr euch wieder vertragt?

Bestimmt werden du und dein Geschwisterchen schnell feststellen, dass ihr ganz viele Gemeinsamkeiten habt. Vielleicht seht ihr euch sehr ähnlich, habt zum Beispiel die gleiche Haar- oder Augenfarbe oder beide Sommersprossen. Aber zwischen all den Gemeinsamkeiten gibt es auch ganz viele Unterschiede zwischen euch.

Jeder hat seine ganz eigene Art. Manche Kinder sind groß oder klein, dick oder dünn, manche basteln gerne, andere bewegen sich viel, wieder andere lieben es zu singen oder eben auch nicht. Es gibt Tausende von Unterschieden zwischen den Menschen.

Wenn man nun versucht, ein Kind zu etwas zu bringen, das es nicht möchte, dann fühlt es sich nicht besonders gut. Wenn du einmal überlegst, dann ist dir das vielleicht auch schon einmal passiert. Wenn Mama zum Beispiel gerne möchte, dass du dein Zimmer aufräumst, du aber gerade ganz vertieft in deinem Buch blätterst. Dann hast du eigentlich überhaupt keine Zeit zum Aufräumen. Ihr möchtet zur gleichen Zeit einfach ganz unterschiedliche Dinge, und am Ende gibt es vielleicht sogar Streit.

Streit entsteht aber auch oft, wenn man sich zum Beispiel missversteht. Oder aber, wenn man unbedingt eine Sache haben will, die man aber gerade nicht haben kann. Es kommt auch vor, dass man sich einfach so aus Langeweile streitet. Bestimmt ist dir das mit deinen Freunden auch schon einmal passiert. Dann weiß

man am Schluss gar nicht mehr wirklich, warum man sich eigentlich so in die Haare bekommen hat.

Dass Menschen sich streiten, ist ganz normal. Es kommt vielleicht auch vor, dass Mama und Papa sich streiten. Das hat aber meistens gar nichts mit dir zu tun und auch nicht damit, dass sie sich nicht mehr lieb haben oder sich nicht mehr verstehen. Manchmal ist man einfach anderer Meinung, und dann muss man diese unterschiedlichen Meinungen austauschen. Dabei ärgert man sich vielleicht auch oder wird gar richtig wütend. Dann kann es sein, dass es ganz schön hitzig und laut hergeht. Wichtig ist, dass man sich gemeinsam etwas überlegt, mit dem alle leben können. Und das gelingt ja auch meistens.

38. Bald bin ich da!

Wusstest du, dass es einen direkten Zusammenhang zwischen deinem Kiefer und deinem Beckenboden gibt? Wenn du unter der Geburt die Zähne zusammenbeißt, dann verschließt sich auch gleichzeitig dein Becken. Um deinem Baby Platz zu geben, sanft auf die Welt zu gleiten, kannst du darauf achten, dass deine Kiefergelenke entspannt sind. Wenn du auf »JA« tönst, erzeugst du eine positive Stimmung unter der Geburt. Gleichzeitig entspannt das lange A deine Kiefergelenke und somit automatisch deine Beckenbodenmuskulatur. Atmen und Tönen können wichtige Säulen sein. Genau das kannst du mit deinem großen Kind gemeinsam üben.

Liebe große Schwester, lieber großer Bruder,

stell dir vor, eigentlich könnte ich nun auf die Welt kommen. Mein Herz schlägt, meine Lungen sind fertig ausgereift, ich kann hören und sehen und bin richtig, richtig groß geworden.
Aber jeder weitere Tag, den ich noch in Mamas Bauch verbringen darf, hilft mir. Denn du musst wissen, ich wachse in den letzten zwei Wochen noch einmal ordentlich. Und obwohl ich so gespannt auf dich bin, möchte ich noch ein Weilchen in Mamas Bauch bleiben.
Die letzten Tage hier drin genieße ich so richtig. Ich habe zwar nicht mehr viel Platz für meine Turnübungen, und deshalb wird es nun etwas ruhiger werden. Aber ich träume und schlafe viel und sammele Kraft für die bevorstehende Geburt.

Ich sende dir die liebsten Grüße aus dem Bauch!
Dein Geschwisterchen

Vielleicht kann Mama dir von deiner Geburt erzählen. Du kannst sie zum Beispiel einmal fragen, wie lange deine Geburt gedauert hat. Bei den meisten Babys kommt das Köpfchen als Erstes heraus. War das bei dir auch so? Vielleicht kann sie dir auch das erste Foto von dir zeigen. Ja, auch du bist einmal so winzig klein gewesen. Hast du Lust, das Bild hier aufzukleben? Wenn dein Geschwisterchen auf die Welt gekommen ist, könnt ihr seins dazukleben.

Hast du dich schon einmal gefragt, woher Mama weiß, dass dein Geschwisterchen ihren Bauch verlassen will? Wenn der große Tag gekommen ist, gibt es Mama ein Zeichen. Mama horcht vielleicht schon oft in sich hinein, ob die Geburt beginnt. Sie wartet auf den Startschuss. Dass es losgeht, merkt Mama daran, dass sich ihr Bauch in Abständen zusammenzieht. Die Muskeln in der Gebärmutter arbeiten jetzt. Das nennt man Wellen. Vielleicht kannst du einmal die Hände bei einer Welle auf Mamas Bauch legen, dann wirst du spüren, dass ihr Bauch ganz fest wird.

Du musst wissen, dass Mama und das Baby unter der Geburt gut zusammenarbeiten. Deshalb geht eine Geburt auch meistens nicht ganz so schnell. Es kann einige Stunden dauern, bis dein Geschwisterchen endlich auf der Welt ist. Denn von der Gebärmutter nach draußen ist es ein langer und ziemlich verschachtelter Weg. Das Baby muss den Kopf mal hierhin, mal dorthin drehen, um gut durch den Geburtsweg zu kommen. Zum Glück helfen ihm die Wellen dabei, denn sie schieben es kräftig durch diesen verschlungenen Pfad.

Manchmal kann das für Mama und auch für das Kleine ganz schön anstrengend sein. Deshalb hilft Mama auch das Atmen so gut. Vielleicht ist Mama mit den ersten Wellen noch zu Hause, dann kannst du das bestimmt auch miterleben.

Du kannst schon vorher einmal mit Mama das tiefe und lange Atmen üben, dann weißt du, wie es an dem Tag der Geburt sein wird. Vielleicht macht auch Mama dann ganz seltsame und auch lustige Töne. Tönt doch einmal gemeinsam wie ein Wal, oder ganz tief, wie ein Bär. So könnt ihr beide gemeinsam für den großen Tag proben. Das macht bestimmt eine Menge Spaß.

Es kann sogar sein, dass Mama mit ihrem Körper dann ganz verrückte Positionen ausprobieren möchte. Geht doch einmal zusammen in den Vierfüßlerstand oder in die tiefe Hocke. Kannst du das und fühlt es sich bequem an? Durch das Atmen, das Tönen und auch durch die Positionen hilft Mama ihrem Körper und der Gebärmutter, gut zu arbeiten. So hat das Baby es auch leichter und bequemer unter der Geburt.

Eine lustige Position für Mama ist auch der Eisbär. Probier' es doch einfach selbst gleich mal aus. Du legst deine Arme auf den Boden und streckst deinen Popo weit nach oben in die Luft. Jetzt kannst du dir vorstellen, du bist ein Eisbär, der übers Eis schlittert.

Gut ist, dass Papa oder auch eine andere Begleitperson während der ganzen Geburt bei Mama ist. So hat sie immer Hilfe. Eine Hebamme ist auch dabei. Stell dir vor, das ist der älteste Beruf, den es überhaupt gibt, denn Babys wurden ja schon immer geboren. Die Hebamme unterstützt Mama und untersucht, ob es deinem Geschwisterchen gut geht. Das kann sie feststellen, indem sie zum Beispiel seine Herztöne regelmäßig abhört.

Bevor das Baby zur Welt kommt, dehnt sich Mamas Vagina aus, damit der kleine Körper durch die Öffnung hindurchpasst. Wahrscheinlich wird der Kopf zuerst zu sehen sein. Puh, so ein aufregendes Ereignis!

39. Und was passiert eigentlich nach der Geburt?

Menschenbabys zeigen ein intensives Bindungsverhalten, und die Bindungstheorie ist heute dankenswerterweise ein etabliertes Konzept der Psychologie. Bindung bedeutet für dein Baby, eine Art Lebensversicherung zu haben: Wenn du als Mama eine emotionale Bindung zu deinem Baby hast, dann wirst du alles tun, um es zu beschützen. Ein inniger Körperkontakt ist besonders schön und wertvoll. Dazu gehört auch der enge Hautkontakt. Wann immer du das Bedürfnis hast, dein Baby bei dir haben zu wollen, es zu spüren, zu riechen oder ihm ganz nah zu sein, folge dem und lasse es zu. Mache genau das, was dir als richtig erscheint, denn du weißt, was ihr braucht! Und vielleicht kann das große Geschwisterkind einfach mitkuscheln.

Lieber großer Bruder, liebe große Schwester,

nun dauert es wirklich nicht mehr lange, bis wir uns zum ersten Mal sehen. Aber was passiert eigentlich, wenn ich dann auf der Welt bin?
Frag doch einmal Mama, wie sie sich gefühlt hat, als sie dich das erste Mal in den Armen halten durfte. Für diesen Moment gibt es kaum Worte, denn viele Mamas und Papas erzählen, dass es der schönste Moment in ihrem Leben war.
In den ersten Stunden nach der Geburt bin ich hellwach. Oh, wie wunderbar es sein wird, wenn ich Mama und Papa endlich sehen werde. Wenn sie mich zum ersten Mal streicheln, mich anlächeln und meinen Namen sagen. Ich werde auch eigentlich nicht viel brauchen, denn am liebsten liege ich nackig ganz nah bei Mama. Dort ist es so kuschelig warm, und ich rieche ihren vertrauten Geruch. Hier fühle ich mich so richtig wohl, sicher und geborgen.
Aber eines möchte ich unbedingt und zwar, dich ganz schnell kennenzulernen.

Du kannst mich dann auf den Arm nehmen, mich ansehen, und ich kann dich ansehen. Wenn ich daran denke, werde ich ganz aufgeregt und ich habe dich jetzt schon unglaublich viel lieb und kann es kaum erwarten, bis es so weit ist.

Bis dahin sende ich dir einen Kuss aus Mamas Bauch,
dein Geschwisterchen

PS: Weil ich nach der Geburt noch ganz lange von Mama und Papa versorgt werde, nennt man mich auch Nesthocker. Wenn aber zum Beispiel Giraffenbabys auf die Welt kommen, sind ihre Beine schon so kräftig, dass sie fast direkt selbst laufen können. Sie marschieren dann ganz praktisch neben ihren Eltern her, obwohl sie erst ein paar Stunden auf der Welt sind. Und nicht nur das, sie lernen schnell, was sie fressen können. Die kleinen Giraffen versorgen sich rasch selbst, während ich noch eine ganze Weile brauchen werde, bis ich laufen und selbst essen kann. Verblüffend, oder?

Direkt nach der Geburt ist alles ganz neu, und am Anfang weiß das Baby vielleicht noch gar nicht so recht, wo es plötzlich gelandet ist. Vorher in Mamas Bauch war alles warm, weich, gemütlich und angenehm dunkel. Jetzt ist es auf einmal ganz hell und auch nicht mehr ganz so warm. Dein Geschwisterchen hört auch alles viel lauter und deutlicher. Das ist ganz schön aufregend, aber auch viel auf einmal. Deshalb will das Baby eigentlich nur eins und zwar ganz, ganz schnell zu Mama auf den Arm und kuscheln. Das darf es natürlich auch.

Nach einer Weile wird es dann untersucht. Bekommt es genügend Luft und ist es gesund? Wie groß und wie schwer ist es? Das alles wird in ein Heftchen eingetragen, das Mama und Papa später mit nach Hause nehmen dürfen. Vielleicht kannst du Mama einmal nach deinem Heftchen fragen. Dann kannst du dir alles genau ansehen.

Wenn dein Geschwisterchen geboren ist, macht es ganz viele Dinge zum ersten Mal. Es nimmt gleich am Anfang seinen ersten Atemzug, denn von nun an kann es das auch ohne Mama ganz alleine. Du musst dir vorstellen, dass sich viele, viele Lungenbläschen in der kleinen Lunge zum ersten Mal öffnen müssen. Das ist ein ganz schöner Kraftakt und fühlt sich an, als ob du einen Luftballon aufblasen würdest. Dafür brauchst du auch eine Menge Kraft, stimmt's? Aber wenn das Baby das geschafft hat, ist das Atmen nicht mehr schwer und so normal wie für dich.

Und stell dir vor, direkt nach der Geburt kann dein Geschwisterchen auch endlich seine Stimme das erste Mal ausprobieren. Sicher wird es einmal kräftig schreien, um zu gucken, wie sich sein Stimmchen anhört. Das kann ganz schön laut werden! Wunderbar!

Mit der Nabelschnur ist das Baby immer noch mit dem Mutterkuchen in Mamas Gebärmutter verbunden, aber eigentlich braucht es ihn nun nicht mehr. Nach einer Weile können Papa, Mama oder die Hebamme sie einfach durchtrennen. Das ist gar nicht schlimm und tut auch überhaupt nicht weh. Ein kleiner Rest bleibt jedoch übrig und nach ein paar Tagen fällt er schließlich von alleine ab. Darunter hat sich eine kleine Narbe gebildet. Na, weißt du es noch? Der Bauchnabel.

Woher kommt eigentlich ein Baby? Du weißt darüber jetzt schon eine Menge. Früher war es Erwachsenen manchmal etwas peinlich zu erklären, wie die Babys entstehen. Sie haben sich deshalb eine Geschichte ausgedacht. Kindern wurde oft erzählt, dass der Storch ein Baby bringt. Aber warum ausgerechnet der Storch? Nun, er ist groß genug, um ein Baby tragen zu können, und zudem trifft man ihn oft am Wasser an. Früher, als man die Geschichte mit dem Storch erfunden hat, war Wasser ein Symbol für den Ursprung des Lebens. Und das stimmt ja auch, denn die ersten Tiere lebten im Wasser. Außerdem hat der Storch einen lustigen Spitznamen. Man nennt ihn auch Adebar. »Auda« ist altdeutsch und bedeutet Glück, und die Endsilbe »bar« steht für tragen. Man dachte also, dass der Storch ein Glücksbringer ist. Ein Baby in der Familie begrüßen zu dürfen, ist auch ein unglaubliches Glück. Deshalb darf der Storch auch heute noch die Babys bringen. Vielleicht habt ihr Lust, einen Storch zu basteln, der im Schnabel ein Tuch hat, in dem ein Baby liegt? Nach der Geburt könnt ihr ihn ins Fenster hängen, dann weiß jeder, dass es ein freudiges Ereignis in eurer Familie gegeben hat und euer Baby nun auf der Welt ist!

40. Hallo, Welt, jetzt bin ich da!

Ein unglaubliches Wunder ist geschehen! Nun liegt die Geburt hinter dir, und du hast dein Baby auf die Welt gebracht. Du hältst es zum ersten Mal in deinen Armen. Du kannst es ansehen, streicheln und seinen einzigartigen Duft riechen. Ihr habt es geschafft. Du kannst so stolz auf dich sein.

Es verändert sich gerade unglaublich viel. Nichts ist, wie es vorher war, und doch scheint die Welt stillzustehen. Du wirst alle Herausforderungen meistern, egal, was es auch sein mag. Du bist eine wundervolle Mama und die einzig richtige für deine Kinder. Du gibst ihnen Wurzeln und Flügel. Du schenkst ihnen Wärme, dein Vertrauen und deine Liebe. Demut und Dankbarkeit erfüllen dich vielleicht. Du darfst dir Zeit geben, um alles zu verarbeiten und anzunehmen. Ihr seid ein Schatz und eine einzigartige Familie!

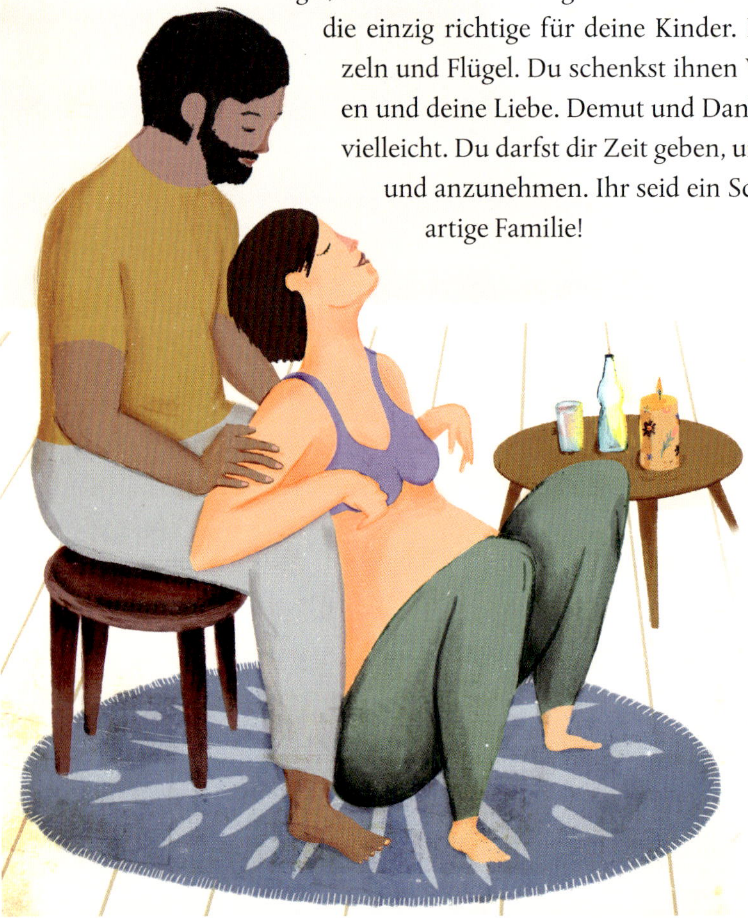

Liebe große Schwester, lieber großer Bruder,

in den letzten Briefen habe ich ganz viel darüber geschrieben, wie ich auf die Welt kommen werde. Jetzt ist es endlich so weit, ich bin da und möchte ich dich ganz schnell kennenlernen!
Wahrscheinlich besuchst du mich zum ersten Mal, wenn Mama und ich noch in der Geburtsklinik sind. Denn es kann schon sein, dass wir ein paar Tage dort bleiben, bis wir nach Hause kommen. Wenn wir uns dann endlich sehen, möchtest du mich bestimmt auf den Arm nehmen, mich anschauen und mich streicheln. Oh, wie wunderbar das für mich werden wird. Ich freue mich schon so sehr darauf und kann es kaum erwarten!
Gerade am Anfang brauche ich noch viel Hilfe. Genau wie ich brauchst natürlich auch du weiterhin viel Liebe. Das wissen Mama und Papa auch. Deshalb werden sie gut auf dich und deine Wünsche achten. Nur weil sie sich um mich kümmern, heißt das nicht, dass sie für dich keine Zeit mehr haben werden. Und eines darfst du nie vergessen: Sie haben dich sehr, sehr lieb. Daran wird sich auch nichts ändern, wenn ich auf der Welt bin. Das wird immer so bleiben.
Und noch eines steht fest, auch wenn wir uns manchmal streiten und raufen und ärgern, so möchte ich dich um nichts auf der Welt hergeben. Denn du bist und bleibst mein großes Geschwisterchen!

Eine feste Umarmung von mir!
Dein Geschwisterchen

PS: Ich freue mich auf alle Abenteuer, die ich mit dir erleben werde!

Wenn dein Geschwisterchen auf die Welt gekommen ist, dann kann es erst einmal noch nicht sehr viel. Es kann sich nicht alleine sauber machen und muss gewaschen, gewickelt und angezogen werden. Es braucht Begleitung, wenn es schlafen möchte. Hat es Hunger oder Durst, dann stillt Mama. So nennt man das, wenn das Baby an Mamas Brust Milch trinkt. Vielleicht bekommt es auch ein Fläschchen.

Mama und auch Papa werden sich viel mit deinem Geschwisterchen beschäftigen, weil es noch so klein ist und Hilfe braucht. Außerdem schläft es vielleicht nachts noch nicht ganz so gut wie du. Sicher wird es öfter wach, weil es auch nachts Milch trinken möchte. Vielleicht ist Mama dann am Tag müde und möchte sich viel ausruhen.

Am Anfang kann euer neues Familienmitglied auch noch gar nicht sprechen. Es wird sogar richtig lange dauern, bis es seine ersten Worte sagt. Lächeln lernt es zwar schon mit vier Wochen. Am besten kann dein Geschwisterchen aber ausdrücken, wenn es etwas braucht, indem es weint. Vielleicht ist es müde oder hungrig. Vielleicht weint es auch, weil seine Windel voll ist, es friert, schwitzt oder Bauchweh hat. Vielleicht möchte das Baby herumgetragen werden oder langweilt sich. Es wird manchmal vielleicht nicht einfach sein, herauszufinden, was gerade los ist, aber mit der Zeit habt ihr dein Geschwisterchen kennengelernt und auch du wirst gut abschätzen können, weswegen es nicht glücklich ist. Dann kannst du Mama und Papa bestimmt gut helfen.

Jetzt weißt du viel darüber, was dein Geschwisterchen noch nicht kann oder bei was es Hilfe braucht. Aber du musst wissen, es lernt bald sehr viel und wird sich wahnsinnig schnell entwickeln. Mit nur sechs Wochen kann es seinen Kopf zur Seite drehen. Nach einem halben Jahr hebt es den Kopf sogar schon richtig, wenn es auf dem Bauch liegt. Dann dauert es nicht mehr lange, bis es die ersten Dinge in die Hand nimmt. Nach neun Monaten kann das Baby vielleicht sogar schon krabbeln. Dann ist es nicht mehr lange hin, und es kann schon stehen. Und irgendwann lauft ihr um die Wette.

Vielleicht kannst du deinem Geschwisterchen dabei helfen, sich gut zu entwickeln und an die Welt zu gewöhnen. Schneide mit deinem Gesicht Grimassen, lächle deinen kleinen Bruder oder deine kleine Schwester an, sing ihr oder ihm ein Lied vor oder zeige alle deine Lieblings-Spielsachen, wenn du Lust hast. All das hilft dem Baby, schnell zu lernen. Und Mama und Papa können so stolz auf dich sein, denn du bist ein großartiges Geschwisterchen.

40. PLUS – Geduldiges Warten!

Dein Baby hat seinen ganz eigenen Zeitplan. Wusstest du, dass nur vier Prozent der Babys am errechneten Geburtstermin das Licht der Welt erblicken? Die anderen kleinen Menschlein machen sich davor oder danach auf den Weg. Du brauchst dir also gar keine Gedanken zu machen, denn ganz genau genommen hast du sogar erst nach Vollendung der 42. Schwangerschaftswoche »übertragen«. Sei im Vertrauen und warte geduldig. Es ist alles richtig, so wie es ist. Dein Baby wird sich genau zum richtigen Zeitpunkt auf den Weg machen. Verwende diese wertvolle Zeit, die euch noch geschenkt wird, um Kraft zu tanken oder auch noch einmal etwas ganz Besonderes mit deinem älteren Kind zu erleben, was mit Baby vielleicht erst einmal schwierig sein wird.

Lieber großer Bruder, liebe große Schwester,

du musst wissen, ich kann es kaum noch erwarten, euch endlich kennenzulernen.
Aber gerade gefällt es mir in Mamas Bauch noch so gut.
Lass uns doch die Zeit einmal nutzen und gemeinsam überlegen, was wir bis jetzt schon alles zusammen erlebt haben. Kannst du dich zum Beispiel noch daran erinnern, wie es war, als Mama und Papa dir das erste Mal erzählt haben, dass du bald ein Geschwisterchen bekommst? Unter meinen ersten Brief habt ihr vielleicht ein Foto aufgeklebt, auf dem Mama mit dir schwanger gewesen ist. Schau es dir doch noch einmal an. Wie sieht Mama jetzt mit mir im Bauch aus?
Vielleicht hast du auch ein Bild von meiner Wanderung gemalt. Erinnerst du dich an die Obst- und Gemüsesorten aus meinem sechsten Brief an dich?
Unglaublich, dass ich so winzig klein wie ein Sandkorn gewesen bin und nun die Größe einer Wassermelone habe.
Hast du auch deinen Fingerabdruck an die Stelle im fünfzehnten Brief gesetzt?
Was ist aus ihnen entstanden? Und ist es nicht ganz wunderbar, dass nun ganz

bald meiner hinzukommen wird? Ich wette, er wird der kleinste in der Reihe sein. Ich finde es toll, wie geduldig du wartest. Das ist bestimmt nicht ganz leicht. Aber ich verspreche dir, dass wir uns ganz bald kennenlernen!
Ich sende dir eine letzte dicke Umarmung aus Mamas Bauch. Denn das hier ist tatsächlich auch der letzte Brief, den ich an dich schreibe. Das nächste Mal werden wir uns nämlich in echt in die Arme nehmen! Darauf freue ich mich sehr!

Bis bald,
dein Geschwisterchen

»Sieh dir doch einmal das Herz aus Blumen an, das ich für dich in meinem einunddreißigsten Brief gemalt habe. Damals habe ich dir gesagt, dass ich dich unendlich viel lieb habe, und daran hat sich nichts geändert. Ich bin so gespannt auf dich. Wir beide werden gemeinsam in ein großartiges Abenteuer aufbrechen. Ich hoffe, dass auch du mich lieb hast und vielleicht hast du ja Lust, ein Herz für mich zu malen! Vielleicht packt Mama es auch noch in ihre Kliniktasche ein. Dann kann ich mich bei der Geburt immer daran erinnern, dass ich dich bald treffe, und mich auf noch eine Sache mehr freuen, die auf mich wartet.«

Danke!

Dankbar zu sein ist ein Gut, das ich ganz bewusst in mein Leben geholt habe. Wenn ich dankbar bin, lenke ich meine Gedanken auf das Schöne im Leben! Deshalb sage ich DANKE!

Ich bin dankbar, dass ich dieses Buch schreiben darf und ich dich und deine Kinder auf eurem gemeinsamen Weg ein kleines Stück begleite! Ich bin dankbar für meine Freunde, die immer für mich da sind! Ich bin dankbar für meine Familie, deren Rückhalt ich mir immer sicher bin. Ich bin dankbar für meinen Mann, seine Liebe lässt mich wachsen und wachsen. Ich bin so dankbar für meine drei Jungs, die meine größten Lehrmeister sind. Sie haben mir gezeigt, wie unendlich groß mein Herz ist und wer ich wirklich bin.

Danke, danke, danke …

Katrin Michel, geboren 1983, studierte Biologie und arbeitete als Erzieherin. Sie ist Mitgründerin der Gebärmütter, Meditationscoach, Prenatal-Yogalehrerin und HypnoBirthing-Kursleiterin. In allen Bereichen gibt sie regelmäßig Kurse, außerdem leitet sie Frauenkreise. Sie lebt mit ihrem Mann und ihren drei Söhnen in Hamburg.

www.kamija.de
www.gebaermuetter.de

Bildnachweis

Illustrationen von Maria Martin, mamind.de: 10, 23, 29, 35, 47, 76, 104, 139, 155, 178, 183

PRH VG: 7, 27, 31, 52, 55, 57, 60-61, 69, 74, 76-77, 92-93, 112, 117, 124, 129, 132-133, 135, 186

stock.adobe.com: Hintergrund aller Seiten (anya babii); VN-Satz 3, 20 (SteichaArt); VN-Satz 3, 20, 176 (Amna); 1, 6, 14-15, 17, 51, 168-169, 185 (Mr); 3, 84-85, 136, 176 (Sohrab); 5, 28, 32, 120, 140, 184 (yugoro); 8-9, 11, 16, 19, 24, 36, 73, 116-117, 136, 181 (Faraz); 12-13 (safia); 13 (yoriko katayama); 22, 26, 30, 34, 38, 42, 46, 50, 54, 58, 62, 66, 70, 74, 78, 82, 86, 90, 94, 98, 102, 106, 110, 114, 118, 122, 126, 130, 134, 138, 142, 146, 150, 154, 158, 162, 166, 170, 174, 178, 182 (mmustafabozdemir); 24-25 (Shi); 33, 37, 39, 40, 57, 59, 67, 72, 81, 101, 116, 120, 121, 144, 147, 151, 153, 155, 156, 157, 159, 160, 161, 163-165, 168, 169, 176 (solodkayamari); 35, 91, 180-181 (fotograf-halle.com); 41 (Wasif); 44-45 (sabelskaya); 48-49, 179 (Tatyana); 49 (M-KOS); 55, 95, 96 (PawLoveArt); 55 (rinrin); 63 (Good Studio); 64-65, 111, 172-173 (Svetlana); 67, 71-73 (Julia); 68 (ductru); 79 (Andrey Kuzmin); 83 (Studio217); 84-85 (Ayamap); 87 (Elfi yang); 89 (YUMI TAKAKI); 97 u., 145 (Nadezda Grapes); 97 o. (KatyaKatya); 103-105 (piixypeach); 107 (AllNikArt); 109 o. (saint_antonio); 109 u. (lynea); 113 (solodkayamari); 116 o. (Elena); 119 (pop); 123 (MicroOne); 125 (Utro na more); 125, 128 (Cute Designs); 132 (robert6666); 136 (Iryna); 137 (sudowoodo); 141 (aremihc); 143 (muffin illustration); 148-149 (Afanasia); 149 u. (Wichittra Srisunon); 160 (Ksenia); 161 (Nadzin); 177 (marlene9)

Das kannst du deinem Kind nicht oft genug sagen

- *Du bist wertvoll!*
- *Ich sehe dich, und du bist genau richtig, so wie du bist!*
- *Ich hab dich lieb, egal, was passiert!*
- *Du darfst auch FEHLER machen! Denn sie sind deine HELFER!*
- *Ich glaube an dich!*
- *Wie schön, dass du da bist!*
- *Du kannst mir immer alles erzählen.*
- *Es ist schön, mit dir Zeit zu verbringen, und ich genieße das sehr!*
- *Ich glaube dir!*
- *Ich bin sehr stolz auf dich!*
- *Ich liebe dich, und du brauchst dafür nichts weiter tun.*
- *Ich vertraue dir!*
- *Du bist sicher, egal, was du tust!*
- *Komm zu mir, und wir kuscheln.*